「知識青年」の1968年

中国の辺境と文化大革命

「知識青年」の1968年

中国の辺境と文化大革命

楊海英
Yang Haiying

岩波書店

目次

地図 1　北京の青年たちが下放されていた内モンゴル自治区

地図２　南京の青年たちが下放されていたモンゴルのオルドス

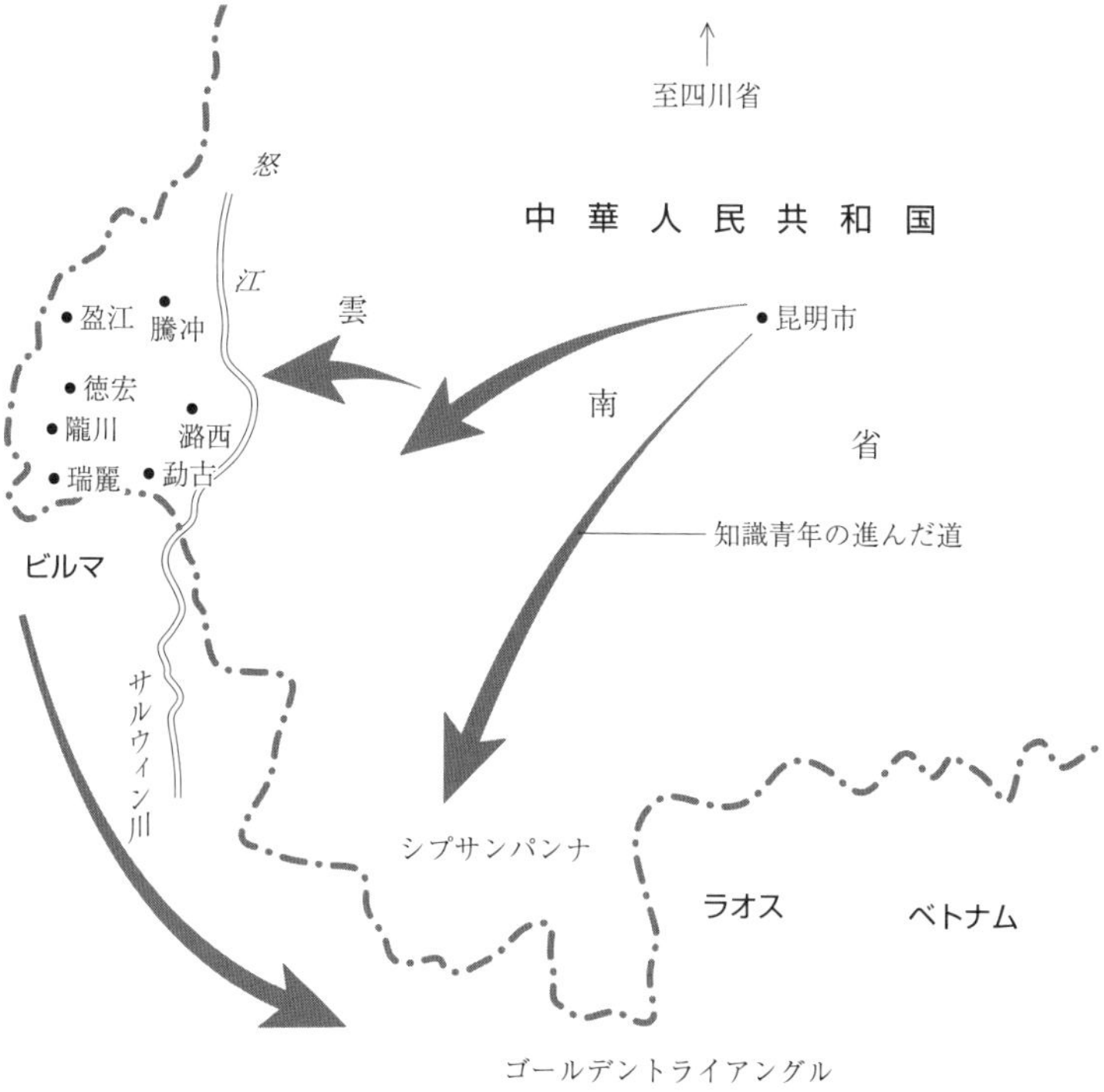

地図 3　雲南の下放青年と越境革命

序章 知識青年の創出した意識変革

「知識青年は農村に行こう」，と呼びかける中国のポスター．農民は背が高く，農村には電気が引かれているように描かれている（著者蔵）

少数民族との一瞬の「相思相愛」

一九六八年から七〇年代初頭にかけて、一七〇〇万人もの青少年たちが中国の都市部から動員されて農山村や辺境へと移住した。この出来事を日本では「青年の下放運動」と表現し、中国では「知識青年の上山下郷《じょうさんかきょう》」と呼ぶ。これは、二〇世紀の世界史上稀に見る人口大移動である。

これほど前例のない人口大移動は、いかなる背景の下で、どんな政治的手法で進められたのだろうか。移住した青少年たちはその「下放」先でどんな暮らしを営み、どのような影響を残したのだろうか。

都市部から追放された青少年たちは、中国内地の農山村に赴いただけでなく、モンゴル人の草原やウイグル人のオアシスにも闖入した。そして、かれらの一部はさらに国境を越えて東南アジアのジャングルに入り、武器を手にして「世界革命の実現」のために戦った。人口大移動に伴う地球規模の政治運動であり、世界史の一頁でもある。

下放された青年たちは中国社会において、大きな意識変革を創出した。

中国の経済力、国力が増す現在、中国は天下の中心で、中国人(漢民族)は最も文明開化した民族だ、という「中華思想」は世界中に困惑をもたらしている。歴史を見ても、中国の周辺部に住む諸民族はこうした中華思想を拒否してきたし、一方、当の中国人は、自分たち以外の人々を東夷や南蛮、西戎、北狄といった差別的な言葉で表現し、「野蛮人」や「立ち遅れた人間」だと見下してきた。これは歴史的な構造的対立であり、現代に至るまで解決されていない民族問題でもある。

しかし、ほんの一瞬だが、中国人と辺境のモンゴル人が良好な関係を築いたことがある。文化大革命（一九六六～七六年。以下、文革と略す）中に、大勢の中国人青年が内モンゴル自治区に下放されていた時期のことである。下放された経験を持つ中国人青年たちは現在でも、「モンゴル人は中国のさまざまな民族のなかで、いちばん良い人々だ」とか、「モンゴル人ほど善良な民族は他にない」とか、「内モンゴル自治区は第二の故郷だ」と語る。内モンゴル自治区以外の地域に下放されていた青年たちは、ほぼ例外なく過酷な労働に駆り立てられ、現地の人々との人間関係にも苦労したと記録されているが、対照的に、中国人下放青年にとって、内モンゴル自治区は大好きな辺境であり、モンゴル人はかれらが愛する少数民族となっている。

逆もまた同じである。率直に言って、中国人が好きなモンゴル人はほとんどいないが、下放青年は特別らしい。「下放青年たちはモンゴル語がうまかった」「下放青年たちはとても謙虚で、中華思想を持っていなかった」「かれらは漢人《チャイニーズ》ではなく、我々の仲間だ」とかれらを評価する。

このように、中国のフロンティアに住むモンゴル人にとって、下放青年は唯一の愛すべき中国人集団である。中国人のなかでも、モンゴル人やウイグル人など少数民族に差別的な視線を浴びせないのは下放青年たちだけであろう。この特別な「相思相愛」の関係は、どのような歴史のなかで作られたのであろうか。両者の良好な関係は何を意味しているのだろうか。こうした問題について考える際も、青年たちの下放運動に対する研究が、一つの手がかりとなりうる。

周知のように、中国は現在、深刻な民族問題を抱えている。

内モンゴル自治区では遊牧民のモンゴル人はほぼ全員、定住を強制された。モンゴル人の草原は、外来の中国人に奪われて農耕地に変えられた。草原の地下に埋まっている豊富な資源を中国人に略奪され、先住民のモンゴル人は生来の故郷から追い出された。中国から独立できなかったために、このようなひどい目に遭わされている、とモンゴル人たちは思い、抵抗し続けているので、民族問題は噴出している。

新疆ウイグル自治区も同じだ。一九四九年にウイグル人の母国、東トルキスタンが中国に併合された時点で、中国人はたったの二八万人しかいなかった。それが今やゆうに一〇〇〇万人を超え、先住民のウイグル人をも凌駕するようになってきた。ウイグル人が歴史的に住んできた良好なオアシスがすべて中国人の「屯田兵」に占領されてしまっただけでなく、かれらが信仰するイスラーム教もまた激しい弾圧を受けてきたからである。

ウイグル人もモンゴル人と同様に一九四〇年代には中国からの分離独立を目指していたが、中国とソ連(現・ロシア)との複雑な国際関係のなかでその民族自決の夢は潰《つい》えた。この二つの民族を自国民として統合した中国は、決してかれらを厚遇しなかった。厚遇どころか、可能ならその土地だけを占拠して自分のものとし、そこに暮らしてきた人間をすべて抹消しようとの政策を取り続けてきた。そのため、中国人とモンゴル人、そしてウイグル人との衝突は深刻で、一向に解決の見通しが立っていないのが現実である。

しかし、本書の主人公である下放青年は、一般的な中国人とはまったく異なる民族間関係をモンゴル人やウイグル人などとの間で作り上げたのだった。

「世界革命」を掲げて

下放青年の活動は中国の農山村と辺境の少数民族地域だけにとどまらない。かれらの一部は下放先からビルマ（現・ミャンマー）やタイ、それにソ連やアフガニスタンに越境していった。単なる苦境からの逃亡もあったが、毛沢東が掲げていた「世界革命」を実現し、中国革命の思想を世界各国に「輸出」しようと実践した者もいた。激しい闘争の結果、世界的に有名な「麻薬の巣窟」、ゴールデントライアングル（金三角）の武装勢力にも下放青年が加わるようになった。ミャンマーの少数民族地域で、政府軍と死活の戦闘を繰り広げているゲリラ部隊を率いてきたのもまた、元下放青年である。

このように、中国内地の都市部から四方へと下放された青年たちは大挙して越境していき、共産党の政治的な影響力を国際的なものにした。かれらにとって、辺境は単なる中国の国境地帯ではなく、共産主義革命の理想を実現するフロンティアでもあった。このフロンティアにおいて、中国人の下放青年と少数民族が斬新な民族関係をほんの一瞬、創出したのである。その新しい、歴史的に希少価値の高い民族関係の実態を描くことで、少数民族と中国政府の双方が直面している難問解決のヒントになることを願っている。

その目的と世界的影響

初めに述べたように、下放青年とは日本語で、中国語では「知識青年」、略して「知青《ちせい》」という。知識青年とは、紅衛兵の別名でもある。文革の発動と共に出現した紅衛兵は、その役割が終わった時点で「知識青年」という美しい名称を与えられて、農山村へと下放されたのである。一九六六年五月に文革が勃発してから一九六八年秋にかけての中国社会は混乱に包まれていた。学校教育はすべて停止し、教師は暴力を受けて、社会の最底辺の階層に陥れられていた。そのため、この三年間に中学生や高校生、大学生たちは何ら知的な薫陶を受けられず、知識らしい知識は皆無に近かった。それにもかかわらず、青年たちに「知識」という美名を冠して都市部から追放する運動の狙いはどこにあったのだろうか。

毛沢東の中国共産党が進めた青年の下放運動の影響は大きい。

カンボジアのクメール・ルージュ（紅色クメール＝カンボジア共産党）もまた中国の文革を模倣し、都市部の住民を農村へ強制移住させる政策を徹底的に進め、その過程で多数の死者が出た。フランスでも毛沢東思想に心酔する知識人や学生たちが一時工場に入って、「労働者の生活を体験」するキャンペーンを実施した。またキューバでも、カストロ議長は一九六九年に青年たちをサトウキビ畑へと移住させ、これにはアメリカの新左翼の若者たちも積極的に同調した。すべて社会主義中国における「知識青年」の「輝かしい事績」が世界に与えた影響である。したがって、青年の下放運動を世界史のなかで位置づける必要がある。

二〇一七年八月。下放青年に関する一冊の本が、北京の権威ある中国共産党中央党校の出版社から刊行された。『習近平の七年の下放青年歳月』である。現代中国の総書記習近平もまた、一九六九年から中国北部の陝西省の延川《えんせん》県梁家河《りょうかが》に下放されていた（**写真序-1**）。この本では、極貧の地において青年習近平がどのように現地の農民と共に汗を流し、立派な共産党員になったかという美談が羅列されている。いわば、下放青年を一種のヒーローに作り上げ、成功物語を誇示しようとした政治的な書物である。何故、都会の青少年たちが農山村へと追放されたのか。下放の政治的背景は何だったのか。下放青年もみな、習近平のようにすばらしい共産党員となり、出世街道をまっしぐらに走り続けて、現在では党と政府の中堅勢力となっていったのだろうか。

写真序-1　陝西省北部に下放されていた頃の習近平．『習近平的七年知青歳月』より

結論はむろん「否」であるが、本書はこうした隠蔽されてきた問題にも一つの答えを示そうという狙いを持っている。

第1章 北京からモンゴル草原へ飛んだ「赤い鷹」

「社会主義の文化をしっかり学ぼう」，と宣伝するポスター．腕章には「紅小兵」とあり，紅衛兵のたまごであることを現している

二〇〇六年三月のある日、私は北京市内のアパートの一室で、郭兆英《かくちょうえい》という女性を訪ねた（当時六〇歳。**写真1-1**）。北京では桃の花が咲き始め、すっかり春らしくなっていた。

「今日は弟が内モンゴル自治区からやってきたような気分で、本当にうれしい」と、彼女は私にお茶を勧めながら分厚いアルバムを見せ、北京の青年たちが下放されていった歴史について語った。

実は、私は彼女ではなく、その夫の曲折《きょくせつ》に会いたかった。

「下放青年の歴史についてインタビューするならば、曲折に会うのがいちばんだ」

郭兆英宅を訪ねる前日、中国社会科学院近代史研究所の研究者である劉小萌《りゅうしょうもう》と面会した際に、そう紹介されたからだ。劉小萌もまた、一九六八年に北京から内モンゴル自治区に下放された青年の一人である。彼は、『中国知青史——大潮』（一九九八）と『中国知青口述史』（二〇〇四）という二冊の大著を世に送り出したことで、下放青年たちから「私たちの代弁者」として尊敬されていた。彼にはもう一つの顔があり、満洲史研究者として日本の学界と交流を続けている。

劉小萌も郭兆英も、内モンゴル自治区での下放経験からモンゴル人と特別に親しく、「親戚づきあい」を今も続けていると話し、私を「モンゴル草原からの弟」と呼んでくれた。

「曲折はたぶん会ってくれないだろう。それでも少なくとも妻の郭兆英から話を聞いた方がいい」とのアドバイスを受けて彼女を自宅に訪問したのである。案の定、曲折は留守だった。モンゴル人を「親戚」、内モンゴル自治区を「第二の故郷」と表現しながらも私に会おうとしない原因はどこにあるのだろうか。

まず、郭兆英の人生史に注目してみよう。

1 「紅衛兵大学」の夢

「曲折」からのスタート

曲折と郭兆英は、首都北京から農山村へ下放される青年たちの先陣を切った人物である。

写真 1-1 内モンゴル自治区シリーンゴル草原に下放されていた頃の郭兆英. 軍用ベルトは青春のシンボルだった. 写真提供：郭兆英

一九六七年一〇月九日。曲折と郭兆英をはじめとする一〇人の北京市の青年男女は、天安門広場に立ち並び、城楼に掲げてあった毛沢東の肖像画に向かって宣誓をおこなった（**写真 1-2**）。

毛沢東思想で全世界を赤く塗

りつくすという偉大な事業のために、刀の山に登ろうと、火の海に入ろうと、喜んで行きます！
「知識分子は労働者や農民と結合せよ」、との毛主席から出された偉大なる指示にしたがい、第一歩を私たちは踏み出しました。私たちはこの革命の道を最後まで行きます。二度と引き返しません！

写真 1-2 天安門広場で毛沢東の肖像画を手にした曲折たち．写真提供：郭兆英

このように、青少年たちの心をとどろかせる言葉を発してから、かれらは内モンゴル自治区のシリーンゴル盟（盟：盟＝アイマクはモンゴルにおいて、清朝時代から続いてきた軍事・行政組織。一つの盟は複数の旗《き》＝ホショーからなる・地図1）の草原を目指した。

翌日、中国共産党の機関紙『人民日報』が青年たちの「革命的な行動」を一面で大きく報道したことで、かれらは一躍、時の人となった。そして、曲折らが天安門広場でおこなった儀式は、それ以来ずっと、紅衛兵たちが下放される時の通過儀礼となっていった。

郭兆英の父、郭堅《かくけん》は中国共産党の新四軍の軍人で、中華人民共和国が成立した後は国家地質鉱業部の指導者となっていた。一人娘の郭兆英は、高級幹部の子供たちが学ぶ名門、北京市第八女子中学（現・魯迅中学）に入っていた。第八女子中学の前身は、清朝末期の一九〇八年に成立した京師女子師範学堂である。成績が抜群に優秀なだけでなく、「共産主義のためにいつでも命を捧げる用意がある」ことから、彼女は一九六六年に高校生（高級中学＝高校）の身分で共産党員となっていた。高校生で共産党員になれるのは、全国的にも珍しく、第八女子中学でも数名程度しかいなかった。

ところが、文革が発動されてまもなく、中央省庁の政府高官だった父親がすぐさま「反革命分子」として失脚してしまったのである。新米党員の郭兆英の立場も次第に微妙になってきた。

　文革開始早々に、父親が暴力的な批判闘争を毎日受けるようになったので、私は立場の弱い人間に同情するように変わった。そして、北京で繰り広げられていた紅衛兵同士の血腥い武装闘争にも嫌気が差し、都会から離れたかった。それが、内モンゴル自治区行きのきっかけである。劉小萌の著書にあるように、私たちのリーダーは曲折だった。

と、郭兆英は語る。

劉小萌は二〇〇二年三月七日に曲折にインタビューをおこない、その名著『中国知青口述史』

のなかで、「文革中に下放された青年たちの第一歩を踏み出した人物」として取り上げている。劉小萌はまず、次のように曲折を紹介する。

曲折の人生経歴は私の想像を遥かに超えていた。文革前の彼は「政府の良い学生」だった。文革が始まると、たちまち「反革命分子」とされた。やがてまた威風堂々の紅衛兵の領袖となり、そして下放運動の急先鋒を演じた。下放先ではさらに「知識青年の模範」となって、「内モンゴル人民革命党員を抉《えぐ》り出して粛清する運動」をリードした。その後は内モンゴル自治区指導者の秘書に任命された。……彼の人生は起伏が激しく、その人物評価もまた分かれている。まさに、その名の通りの道を彼は歩んできたのである。

曲折が私に会おうとしなかった理由も、実は劉小萌の文中にある。

彼は下放先で、「「内モンゴル人民革命党員を抉り出して粛清する運動」をリードした」からである。彼と妻の郭兆英はモンゴル人を「親戚」だと認識し、内モンゴル自治区を「第二の故郷」だと呼びながらも、内モンゴルでは、「曲折はモンゴル人に迫害を加えた人物」として自治区政府から認定されている。その迫害とは、文革中に発生したモンゴル人大量虐殺事件を指す。この大量虐殺事件を、当時の中国政府は「内モンゴル人民革命党員を抉り出して粛清する運動」と呼んでいた。それには次のような背景があった。

モンゴル人大量虐殺事件

モンゴル人はもともとまとまった民族で、共通した遊牧経済と心理、共通した宗教(チベット仏教とシャーマニズム)を信仰し、各地域・各集団共に通じ合う言語を共有してきた。東西に横たわるゴビ沙漠を境に、その南側は「南モンゴル」で、北は「北モンゴル」と自称していたが、清朝時代から南を「内」、北を「外」と呼ぶようになる。

一九世紀末になって、中国人農民が片手に武器、もう片手に鋤や鍬を持って万里の長城を突破して草原に闖入してくるようになり、モンゴル人との間で文明の衝突を引き起こした。モンゴル高原の大半の地は年間の平均降水量が一五〇ミリ程度しかなく、農耕には不向きの地である。草原がいったん開墾されると、次の年から沙漠と化してしまい、遊牧経済は破滅に追い込まれる。中国人農民は自分たちの生活を根底から脅かす存在だ、と見たモンゴル人は武装抵抗を続け、独立建国を最高の理想とした。独立運動は、民族の存亡をかけた戦いだった。

北モンゴルはロシアの支援もあって、一九一一年に独立を実現させたが、南は中国人軍閥に牛耳られていたため、北に同調するには遅れが生じた。南モンゴルの知識人や政治家たちは一九二五年一〇月に民族主義の政党、内モンゴル人民革命党を創設して、中国に対して組織的な抵抗を始めた。この政党に対し、独立したモンゴル人民共和国と国際共産主義連盟(コミンテルン)も支援を惜しまなかった。

日本が一九三二年に満洲国を建設し、南モンゴルの三分の二が関東軍の支配下に入ると、内モンゴル人民革命党の党員たちもソ連の指示で地下に潜伏した。モンゴル人は日本人と協力して、中華民国とはまったく別の二つの国家、満洲国とモンゴル自治邦を運営していた。一九四五年八月にソ連とモンゴル人民共和国の連合軍が南進してくると、日本人は草原から撤退していった。日本ではソ連が「日ソ中立条約」を無視して侵攻してきたと認識しているのに対し、モンゴル人はこの時の戦いを「民族解放の戦争」と表現する。北のモンゴル人民共和国が、日本と中国の二重の植民地支配下に置かれている同胞の南モンゴル人を解放する、という正義の戦争と位置づけているのだ。

しかし、米ソ英の三大国が一九四五年二月に交わした「ヤルタ協定」には、南モンゴルを中国に占領させ、北方四島をソ連に引き渡すという秘密の取引があった。その結果、南モンゴルは戦後に中国・内モンゴル自治区にならざるを得なかったのである。

ところが、一九六六年に文革が発動されると、中国政府と中国人はモンゴル人の「原罪」を再発見した。以前に「日本軍に協力し、祖国から分離する独立運動を展開した」という満洲国時代の歴史が再清算されることになる。

かくして、モンゴル人の民族主義の政党、内モンゴル人民革命党員だった人々やその他の知識人、さらには一般の人々までが中国政府の粛清の対象とされた。当時、人口約一五〇万弱だったモンゴル人のうち、三四万六〇〇〇人が逮捕され、二万七九〇〇人が殺害され、一二万人が拷問を受けて身体障害者となった（**写真1-3**）。もちろん、この数字は中国政府が公表した控えめな見解で、欧米の研究者たちは犠牲者の数は一〇万人に上ると見積もっている（楊海英『墓標なき草原——内モンゴルにおける文化大革命・虐殺の記録』二〇〇九）。

この凄惨な大量虐殺事件は、モンゴル人たちからジェノサイドだと理解されている。言い換えれば、北京など大都市部の青年たちは、まさに血腥い大量殺戮が進行中のモンゴル草原に下放されてきたのだった。下放青年の先鋒だった曲折は、彼が赴いた内モンゴル自治区の草原で大量虐殺運動に加担した、と人々に見られていたのである。

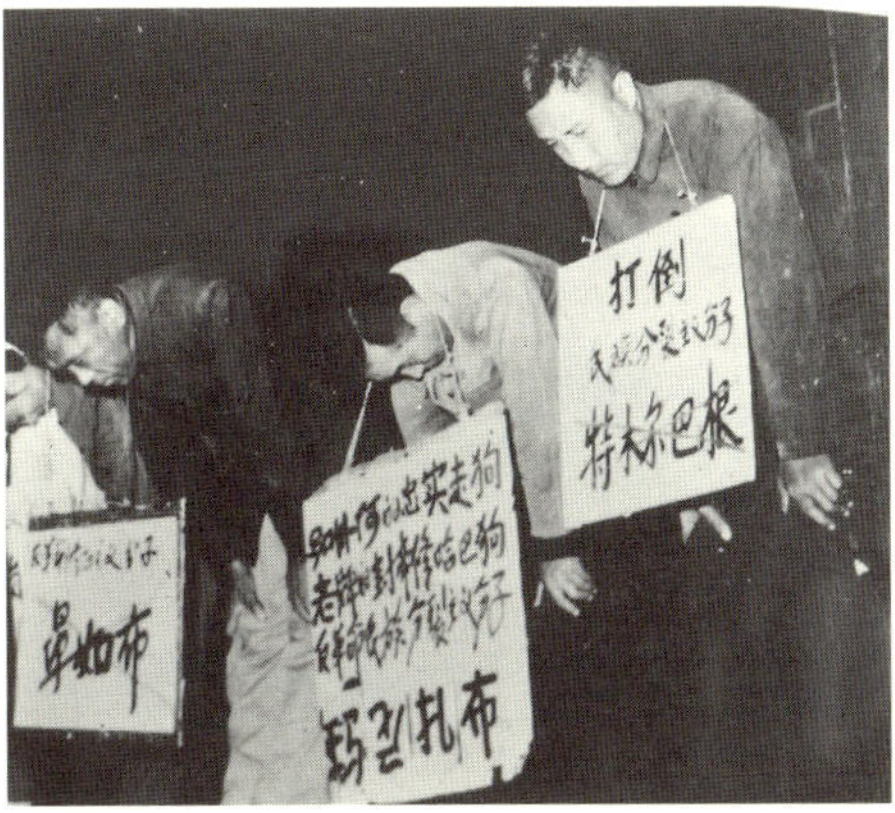

写真1-3　文革中に暴力を受けるモンゴル人たち

先鋒を担う「曲折」

話を曲折にもどそう。

「小学校に入り、中学をへて高校を出るまでの私は、ずっと良い学生だった。小学二年生の時に、私はすでに少年共産主義先鋒隊の隊員となった」と曲折は語る。「良い学生」とは「三好学生」のことである。それは「徳育、智育、体育」のいずれも優れた者を指す。「良い学生」はまた、中国共産党の下位組織にあたる少年共産主義先鋒隊に入り、共産主義青年団をへて、党員に成長していくプロセスを辿る。曲折はその人生のスタートラインの時点ですでに他人と完全に異なり、共産主義国家の先鋒を担っていたのである。

早くも中学一年生だった一九六〇年に、曲折はもう農村に憧れるようになっていた。政府が宣伝する「模範青年」は、大学に進むよりも農村の開発に没頭する人物ばかりだったので、自分もそのような道を歩みたい、と真剣に思うようになる。一九六四年に中国が最初の核実験に成功すると、少年曲折も、中国の科学技術はもう世界の先端をリードしているので、これからは農村の発展に力を注ぐべきだと考えるようになった。共産主義国家のプロパガンダの力は実に大きいと痛感させられるエピソードである。

一九六六年五月一六日に毛沢東が文革の発動を命じた時、曲折は北京市第二五中学の生徒会の主席となっていた。大学生と高校生が作った学生組織が雨後の筍のような勢いで現れ、学校の指導者たちをブルジョアジーとして打倒していた頃、曲折は「保守派」だった。親友の一人が「東風戦闘組」という造反派組織を結成し、建国後の教育制度を痛烈に批判しだすと、曲折も彼と共に行動した。やがて、国家主席劉少奇《りゅうしょうき》派の工作組が高校と大学に進駐してくると、曲折たちは「反党にして反社会主義、そして反毛沢東思想」の「三反分子」と断罪され、監禁されてしまった。

しかし、一九六六年七月一八日に地方の視察から北京にもどった毛沢東は、逆に曲折らを「革命的左派」だと持ち上げ、工作組の方が過ちを犯したと厳しく断じた。

毛沢東は、劉少奇などの政敵を粛清する目的も兼ねて文革を発動した。彼は誰かを打倒しようとする時にはいつもその人物に会議を主宰させたり、しばらくは政治運動を進めてもらったりしてから排除する、という手法を取る。そのため、文革も初期においては、劉少奇が全体をリードしていたものの、少しずつ、彼自身が政治の断頭台に追い込まれていくのである。中国共産党の壮大な政治的な謀略に、青年曲折はまんまと巻き込まれていたのだった。

高級幹部の子弟からなる「老紅衛兵」

「曲折を解放したのは偉大な領袖毛主席だ」

という強力な後ろ盾を得たかれらは、積極的に政府の革命路線に協力するようになる。高級幹部の子弟からなる紅衛兵は五月二九日に産声を上げており、曲折も友人たちと一緒に八月一一日に「毛沢東主義紅衛兵」を結成した。九月一六日になると、「毛沢東主義紅衛兵」はさらにメンバーが増えて、「紅衛兵首都兵団」に発展していった。曲折は兵団の成立宣言書を起草し、親友の李冬民《りとうみん》が司令官となった。

共産党の高級幹部の子弟からなる、文革初期の紅衛兵を「老紅衛兵」と呼ぶ。

老紅衛兵は、父祖が作った中華人民共和国の権力を継承するのは当然自分たちだという革命的血統論を固く信奉し、資本家や反革命分子とされた人々に対し、容赦なく暴力を振るった。特に一九六六年八月は、毎日のように市民を殺害し、その首を切り落としては人力車で郊外へと運ん

写真 1-4　経験交流中の曲折たち．椅子の上に立って演説し，人民の覚醒を呼びかけた．写真提供：郭兆英

でいた。老紅衛兵たちはまた殺害した人間の血を使って壁に「反革命分子の末路」と書いて、意図的に北京市内で恐怖感を醸し出していた。真っ赤な血で染まった首都北京の八月を、後に中国人は「赤い八月」と呼ぶようになる（王友琴『文革受難者』二〇〇四）。

老紅衛兵が金科玉条のように信奉する革命的血統論に、曲折は次第についていけなくなった。そこで、彼は二十数人の仲間を募って、一〇月二二日に北京を離れて南国の江西省を目指した。当時、紅衛兵たちの間で流行っていた「革命的経験交流」（大串聯《だいかんれん》）である。江西省には中国共産党の「革命的聖地」の井岡山《せいこうざん》があり、かつて毛沢東が割拠していたところだ。ついでにいうと、一九六七年あたりから、中国の「革命的聖地」は日本人紅衛兵たちの巡礼地にもなる。世界各国から中国にやってくる左翼ゲリラや左派系学生組織のなかでも、日本人の団体は特に過激で、共産主義思想を信奉して疑わず、毛沢東に強く憧れていたと伝えられている。

曲折の一行は列車に乗ったり、時には徒歩で聖地を回ったりして、一路、毛沢東思想を宣伝して回った。演劇を披露し、革命歌を唄って農民たちを覚醒させようと燃えた（写真**1-4**）。しかし、実際はどこの地域においても、政治運動に巻き込まれた人々は権力闘争に没頭していたので、青年たちも疲労困憊の果てに翌一九六七年三月に北京にもどってきた。

首都北京では相変わらず老紅衛兵たちは暴力を働いていたし、対立する造反派の紅衛兵は血統論を批判する新思潮を繰り広げていた。造反派紅衛兵は、主として一般の市民の子弟で構成されていた。新思潮の論者たちは、文革は一種の権力の再配分だ、と大胆な思想を唱えていた。文革は、中華人民共和国を創設した共産党内部の権力闘争だ、との見方である。曲折が主宰する首都中学紅代会の機関紙『首都兵団戦報』は高級幹部の子弟側に立ち、造反派の新思潮を強烈に批判していた。

頓挫した「紅衛兵大学」の構想

曲折のガールフレンドだった郭兆英はこの時期、学生同士の武装闘争に嫌気が差し、政治に無関心になっていた。政治に無関心な者は、逍遥派《しょうようは》と呼ばれていた。

逍遥派の彼女と話し合った結果、曲折は一九六七年六月に「紅衛兵大学」を作ろうと首都紅衛兵団体に提案した。「紅衛兵大学」のキャンパスを新疆ウイグル自治区に設置し、中国政府が呼びかける「知識青年は労働者や農民と結合しなければならない」とする政策に具体的に応えようとしたのである。名称は大学でも、実際は現地に行って労働者や農民となる道である。曲折のこの提案に最初は三〇〇人もの若者が賛同していたが、最後は十数人しか残らなくなった。誰も、労働者や農民になる道を実践しようとは考えていなかったからである。

曲折の考えを北京市革命委員会は熱心に支持し、新疆ウイグル自治区よりも内モンゴル自治区の方がいいと勧められた。内モンゴル自治区ではすでに「旧政権」が打倒され、新しい革命委員会も準備中だったから、文革の先頭を走っていると首都北京から評価されていた。

いわゆる「旧政権」とは、モンゴル人のウラーンフーをトップとする自治区政府を指す。ウラーンフーとその部下のモンゴル人たちは、中国政府から与えられた限られた自治権を最大限に利用して、モンゴル人の草原や牧畜を守ろうとしていた。しかし、ウラーンフーは文革の開始と共に粛清され、代わりに北京から派遣されてきた毛沢東の側近、中国人の滕海清《とうかいせい》将軍がモンゴル人のあらゆる権利を剝奪して軍事管制を敷いていた（楊海英『中国とモンゴルのはざまで――ウラーンフーの実らなかった民族自決の夢』二〇一三）。このように、北京市政府は、中国人が実権を握る内モンゴル自治区を青年たちの下放先として最適だと判断したのである。北京市政府から打診された内モンゴル自治区も青年の受け入れを決定した。

かくして、曲折と郭兆英らの熱意に北京市政府と内モンゴル自治区がバックアップする形で、一九六七年一〇月九日の朝に、天安門広場で宣誓式がおこなわれたのである。男性六人に女性四人からなる青年たちを乗せた小さなバスも、北京市政府が用意したものだった。誰一人、泣く者はいなかった。ここから、中国政府が標榜する「知識青年の上山下郷運動」の第一歩が踏み出された。「上山下郷」とは、農山村に入って、農民と結合し、農民から再教育を受けることを意味する。

写真 1-5 万里の長城の要塞，張北に着いて，人民解放軍の幹部たちと立ち並ぶ曲折ら．手には毛語録を持ち，胸に毛沢東のバッジをつけている．写真提供：郭兆英

翌一一日に一行が万里の長城の要塞、張家口を出ようとしたところ、ラジオで「首都北京の紅衛兵が内モンゴルの辺境へと出発した」とのニュースが放送された（**写真 1-5**）。「私たち一〇人の行動を政府が大きく宣伝し、文革一〇年間における一〇〇〇万人もの下放青年たちの先駆とされた」

と曲折は振り返る。

ここまで、この第一歩を踏み出した青年を曲折と呼んできたが、実は、彼はこの時に名前を「曲折」に変えたのである。人生には紆余曲折がつきものだ、と認識するようになった改名である。下放青年に関するどの著作にも彼の本名を記録していない。私もあえて郭兆英夫人に尋ねようとしなかった。当時の『紅衛兵報』はかれらを「草原に雄飛した赤い鷹」と表現していた。

偉大な領袖の「ブラックハンド」

「赤い鷹」たちは一〇月一四日に内モンゴル自治区シリーンゴル盟西ウジムチン旗バヤンボリガ人民公社に着き、モンゴル人から暖かく迎えられた。ガルブーという遊牧民がモンゴルの歌を熱唱して歓迎した。

「あんなに美しい歌声を聞いたのは、人生で初めてだった」

と曲折は感動した。

下放青年たちを代表して、曲折は林彪《りんぴょう》の語録をモンゴル語で話して、挨拶とした。

「毛主席の本を読み、毛主席の言うことを聞き、毛主席の良い戦士となろう」

という語録を事前にローマ字で書いておいたので、モンゴル語で挨拶ができたのである。

曲折はサンブーという若いモンゴル人の天幕に入って暮らした(**写真1-6**)。サンブーはまったく中国語ができなかった。

「私のモンゴル語は、基本的に毛語録をローマ字で表記して暗記するという方法でマスターした。一九六七年の冬は雪が特に深かった。雪害のなかで羊を放牧しながら、モンゴル語を覚えた。苦しかったが、楽しい時間でもあった」

と曲折は語っている。

実は、曲折たち一〇人が政府のチャーターした車で草原に出発した一カ月後、北京市はさらに一〇〇〇人もの青年たちを内モンゴル自治区と東北三省に下放した。翌一九六八年二月八日には五五名の紅衛兵たちが天安門広場で毛沢東の肖像画に向かって宣誓してから、南国の雲南省へと旅立った(第4章参照)。

写真 1-6　天幕の前に立ち並ぶ曲折ら．写真提供：郭兆英

青年たちが次から次へと下放される背景には、かれらが神聖視する「偉大な領袖」毛沢東の文革推進に対する不満があった。

毛は元々、青年たちを利用して政敵に対して造反させたかったが、彼の予想を超えて老紅衛兵は暴力を振るい、社会全体を不安に陥れた。お膝元の北京では、清華大学の紅衛兵「井岡山兵団」が一九六七年五月から大規模な武装闘争を引き起こし、多くの死傷者を出した。学生たちを抑えようとした毛は、一九六八年七月二七日に三万人もの労働者からなる「工人毛沢東思想宣伝隊」を北京市内の各大学に進駐させようとしたが、またもや多数の死傷者が出る騒動に発展した。二八日の深夜、毛沢東は、北京市紅衛兵の五大派閥の領袖たちを中南海に呼びつけてどなると、青年たちは逆に武装闘争の背後に見えない「ブラックハンド」があると不平を訴えた。

毛はタバコに火をつけてゆっくりと煙を吹かしてから言い放った。

「ブラックハンドはわしや」

そして毛は続けた。

「もう一度言おう。交通網を破壊し、殺人と放火を繰り返し、人民解放軍の兵士を殴打することは国民党の仕業だ。匪賊だ。殲滅すべきだ」

かくして七月二八日は紅衛兵にとって、記念すべき日となった。かれらは「共産主義革命の先鋒」から一夜にして「国民党で、匪賊」とされ、「殲滅すべき」対象とされたのである。毛はかれらの力をフルに利用して劉少奇をはじめとする「資本主義路線を歩む」政敵を全員打倒したが、今度は返す刀で紅衛兵を「殲滅」した。「殲滅」された紅衛兵は、この時期から大挙して農山村へと下放されていくのである。

文革が発動されて三年の間、大学はすべて学生募集を停止していたため、全国でおよそ一七〇〇万人に上る若者たちが無職の状態に置かれていた。エネルギーにあふれたかれらは武装闘争に明け暮れ、深刻な社会問題となっていた。毛は、紅衛兵を「殲滅すべき国民党、匪賊だ」と呼んだが、その言葉は彼の住む中南海の宮殿から外には出なかった。中国政府は下放運動に「知識青年の上山下郷運動」という美しい名を与えて、社会的動員に踏み切った。

こうして「農村は広闊《こうかつ》の天地で、大いに活躍できる舞台だ」と宣伝されるなかで、無数の青少年たちが全国の津々浦々へと追放されていったのである。

2 モンゴルに撒かれた「革命の火種」

「継続革命」

一九六八年の夏になると、内モンゴル自治区は草原の末端に至るまで、北京軍区から派遣されてきた人民解放軍に支配されるようになった。政府はこれを軍事管制と呼んでいた。軍事管制の下で、大量虐殺はいっそう進んだ。シリーンゴル盟軍分区の司令官を務めていた中国人の趙徳栄《ちょうとくえい》は五月に開かれた政府集会で、次のように演説した（アルタンデレヘイ『中国共産党によるモンゴル人ジェノサイド』二〇〇八）。

文革とはモンゴル人をやっつける運動だ。おれはモンゴル人を見ただけで気分が悪くなる。モンゴル人のなかには良いやつは一人もいない。モンゴル人を殺しても、びっくりすることはない。モンゴル人は一〇〇パーセント、内モンゴル人民革命党員だ。かれらが死ねば、祖国に対する脅威も減る。モンゴル人を全員、内モンゴル人民革命党員として粛清しても、たいしたことはない。

写真1-7　草原で暮らす郭兆英（後方左から二人目）．みんなまだモンゴル服に着替えていない．写真提供：郭兆英

人民解放軍から支持された北京からの下放青年たちは、積極的に草原部での文革をリードするようになった（**写真1-7**）。シリーンゴル盟の各旗政府の権力は、ほぼ例外なく下放青年たちの手に渡った。かれらは北京では毛沢東から「殲滅」の対象とされたが、下放先ではモンゴル人から権力を奪い、「革命を継続」したのである。打倒された者は、他人を虐待することで、独裁者への忠誠を表明した。東ウジムチン旗の下放青年たちが以下のように話していた事実が記録されている。

私たちはモンゴル人をやっつけるために北京から草原に来た。というのは、モンゴル人は中国人を殺そうとしているだろう。遊牧民の八割か九割は内モンゴル人民革命党員だ。下放青年のなかで、実際にモンゴル人を殺害した者も大勢いる。

文革を進める際には、具体的な点から始めなければならない。

まずは、階級の画定である。中国共産党は一九二一年の結党当初から支配下の農村地帯の住民を搾取階級の地主と富農、それに非搾取階級の中農と貧農に分けるという「階級の身分を画定する政策」を実施してきた。搾取階級と認定された場合は、容赦なく処刑し、その財産を没収して中農と貧農に分け与える。当然、中華人民共和国の建国後もこの過激な政策は一層、徹底されていた。

しかし、ウラーンフーが自治区の指導者だった頃、内モンゴルの遊牧地域に住むモンゴル人社会内では階級の区分を画定していなかった。モンゴルの遊牧社会は、中国人の農耕社会とは根本的に異なり、搾取の事実はない、とウラーンフーと彼の周辺の知識人たちは現地調査を通して、そのように認識していたからである。草原は「天からの賜物」で、万人が平等に利用する権利を持つ。各人が放牧する家畜の多寡はあるものの、その差は勤勉か、怠惰かが原因である。農耕社会の地主のように、土地を貧しい農民に貸して租税を取るという搾取の制度は歴史的に成立しなかった。

ウラーンフーの政策はモンゴル人社会の実態に即したもので、当然、モンゴル人に歓迎されていた。しかし、中国人はちがう見方をしていた。

「草原も土地だ」。中国人はそう認識していた。「広大な土地」を持つモンゴル人は例外なく「搾取階級の地主」であるので、その「土地」を奪って、外来の中国人に分け与えようとしたのである。草原地帯に進出してきた中国人は、政府の政治運動を利用して、モンゴル人を草原から追い出したかったのだ。

最高指導者の毛沢東の目には、ウラーンフーは階級闘争に不熱心だと映った。北京と異なる政策を実施してきたことも一因となって、ウラーンフーは一九六六年五月一日から自由を失っていた。そして、モンゴル人指導者が追放された自治区では、「ウラーンフーの黒いグループに属す者を抉りだして粛清し、彼の有毒の思想を一掃する運動」が進められていた。

中国政府は中国人からなる「人民解放軍毛沢東思想宣伝隊」と労働者からなる「工人毛沢東思想宣伝隊」を動員して、モンゴル人を殺戮しては草原を占拠していた。「ウラーンフーの黒いグループに属すモンゴル人」たちを大々的に粛清する青年たちを政府が抜擢していたなかで、曲折もリーダーの一人に任命された。彼は一九六八年三月に人民公社革命委員会の常務委員になり、モンゴル人を粛清する運動に以前よりも熱心に参加していったのである。曲折が常務委員を務める西ウジムチン旗では、中国人の張景業《ちょうけいぎょう》という人物が、モンゴル人たちを政府招待所という施設に監禁して蹂躙していた。彼はモンゴル人を全員追放して、自らが西ウジムチン旗の旗長になろうとしていた。

曲折はある事件について、次のように語る。

草原で階級の区分と画定をおこなっていた頃、下放青年たちはみな階級闘争に熱心に参加

した。ある青年が西ウジムチン旗政府を訪れて、ボルフーという遊牧民が無線を墓に隠していると密告した。青年たちは直ちに墓を掘り起こして遺骨を引っ張り出したが、無線はなかった。しかし、この件は後日、私の罪状の一つにされてしまった。

曲折が暮らす西ウジムチン旗のバチ人民公社では、モンゴル人のチョイジジャムソが党書記だった。チョイジジャムソが粛清すべき内モンゴル人民革命党員に認定されると、下放青年たちは彼を建物内の梁から吊るして、体の下に火を焚いて焼いた。それでも彼は自分が「祖国を裏切った民族分裂主義者」だと認めようとしないので、中国人たちはさらにナイフで彼の体を傷つけた。数日後、北京からの下放青年で、李秀栄《りしゅうえい》という女に鉄器で頭部を打たれ、脳漿が溢れ出て殺害された。チョイジジャムソの妻ヤンジマーが政府に訴えようとすると、李秀栄をはじめとする下放青年たちが、今度は彼女の子供を殺害すると脅迫した。

「第二の故郷」

別の下放青年で、シリーンゴル盟東ウジムチン旗に滞在していた葉坦《ようたん》は、次のようにモンゴル人たちが粛清されていた運動を回想している（『草原啓示録』一九九一）。

一九六八年秋、私たち北京からの若者たちはダゴラーというモンゴル人一家と放牧するよう命じられた。彼女は三〇歳前後で、背が高く、すらりとした美人だった。ピンク色のモンゴル服をまとい、黒いブーツがとても似合っていた。大きな目はいつも笑っているように私たちを眺めていた。

しかし、ダゴラーの夫は民族分裂主義者集団の内モンゴル人民革命党員として逮捕されていたので、私たちも彼女一家とはなるべく付き合わないよう、「階級の立場」を守っていた。彼女から「こんにちは」と挨拶されても、私たちは無視していた。当時、非搾取階級とされる「労働人民」のモンゴル人の家の前には国旗を立てていたが、彼女の天幕の前にはなかった。

ある雪吹雪の夜、私は羊の群れと共に草原で方向を失った。風が強く、羊も私の言うことを聞かない。困り果てていた頃、遠くから懐中電灯の光が見えた。ダゴラーが私を探しに来てくれたのだ。

疲れ切っていた私にダゴラーは温かいミルクティーと肉を食べさせてくれた。誰もいなかったので、私は思い切って尋ねた。

「政治運動でみんなに虐められているのに、どうしてモンゴル人民共和国に逃げないのか」

私たちが下放されていたところから国境までわずか数キロの距離しかなかった。逃げたければ、いつでもできた。

ダゴラーはしばらく沈黙してから話した。

「ここは私の故郷だもの」

夜明け前に私は彼女の天幕を出た。すると、彼女の三歳の子供が言った。

「私たちは悪い人ではないよ」

半年後、私は人民公社の生産大隊の本部で彼女の夫に会った。結局、民族分裂主義者集団は存在しないとのことで、釈放されたのだ。しかし、それでも政府は「逮捕が正しかった」と強弁していた。「ダゴラーは死んだ」、と彼女の夫は酒を飲みながら話した。どんなに歳月が経っても、私は彼女が経験した苦痛が忘れられない。


同じ東ウジムチン旗に下放されていた張亮《ちょうりょう》という北京からの青年は、次のように自らの体験を綴っている（『草原啓示録』）。

下放先の人民公社に着いた最初の日に、私はテムールという男に出会った。人民公社の緑の草原には何百頭もの馬が放たれていた。どれも毛色はシルクのようにピカピカと光っていた。勇猛な青年たちが近づいて馬を捕まえようとしてもまったく無理だった。すると、テムールは白い駿馬に跨り、馬群に入るなり、馬捕りの竿でいちばん獰猛な種雄の馬を捕獲したではないか。人馬が一体化したその騎乗の雄姿は、私たちの心を捉えた。彼こそが、民兵中隊長のテムールだった。

冬、あろうことか、テムールは民族分裂主義者集団の内モンゴル人民革命党員にされてしまった。内外モンゴルの統一合併を進めたとの罪で、テムールは逮捕、監禁された。一月二五日、生産大隊本部で批判闘争の大会が開かれ、テムールをはじめとする三七名ものモンゴル人が連れてこられた。テムールは、「一度も毛主席と共産党に反対したことはなく、祖国を裏切った行動もしていない」と弁明していたが、逆によりひどく殴られた。彼の羊皮のコートは血だらけになっていた。深夜、テムールは逃げ出して、林のなかで自殺してしまった。

彼にはチョルモンという男の子がいた。チョルモンとは、朝の一番星の意だ。

「おれが死んだら、山のてっぺんにおいてくれ。いつも一番星とこの美しい草原を見ているから」、と彼は生前に私に話していた。

この張亮は、内モンゴルを「私の第二の故郷」と呼んでいる。

東ウジムチン旗のガブチンゴビ人民公社に下放されていた北京の青年、金応哲《きんおうてつ》は地元の生産大隊の責任者に任命され、モンゴル人粛清運動をリードしていた。彼の記録によると、一九六九年三月になると、下放青年たちは毎日のようにモンゴル人遊牧民に殴る蹴るの暴力を働いていたという。「おれたちが北京から来たのは、モンゴル人をやっつけるためだ」と公言する者も大勢いた。まもなく、金応哲の面倒を見ていたモンゴル人のソミヤも、民族分裂主義者集団の内モンゴル人民革命党員とされてしまった。

ところが、六月五日になると大量虐殺は停止し、モンゴル人たちを虐待したのは「過ち」だったと政府から宣言された。激怒したモンゴル人は下放青年たちを包囲し、復讐しようとした時、ソミヤは遊牧民たちを制止した。そして、

「ホルチンビリク君、おれと帰ろう」

と、金応哲を連れて天幕にもどった。ホルチンビリクとは、金青年のモンゴル名だった。

「家路を目指して馬を飛ばしていた途中、私の涙は止まらなかった。私はモンゴル語で遊牧民たちに謝罪し、かれらも私をふたたび、受け入れてくれた」

「あの時代、同級生の多くはモンゴル人を粛清する急先鋒となっていた。モンゴル人が迫害されて死んでも、何とも思わなかった。私たちの目には、どの天幕も反革命の拠点、祖国を裏切るスパイどもが住む拠点のように見えた」

と、青年たちは素直に吐露している。

3　スケープゴート

弁明と責任

曲折自身、モンゴル人大量虐殺運動について、次のように振り返っている。

第一、私は責任者として暴力を阻止しなかったし、内モンゴル人民革命党員を抉り出して粛清する運動も正しいと信じていた。

第二、私自身はモンゴル人を虐待しなかったが、暴虐を見て見ぬふりをしていたのも事実である。ただ、私はあの手この手で、裏で一所懸命にモンゴル人たちを守っていた。もし、私が人民公社の責任者ではなかったら、犠牲者の数はもっと増えていたはずだ。自治区全体で一万人以上もの死者が出た。なんという恐ろしさだ。

彼はこのように弁明しているが、ある記録によると、曲折は自らバヤンボリガ人民公社の女性書記のナブチと、民兵中隊長のデレゲルチョクトを繰り返し殴って、大けがを負わせたという。私は曲折本人に会っていないし、妻の郭兆英もそのことについては何も語らなかった。もしかすると、このような不名誉な過去もあることから、彼は「親戚」の私に会おうとしなかったのかもしれない。

また、曲折は自治区全体の死者数を一万人以上としているが、モンゴル人と欧米の研究者たちの見解では、その一〇倍に達する。内モンゴル自治区共産党政府に勤めていた幹部の書いた報告書によると、シリーンゴル盟全体で一八六三人のモンゴル人が中国人に殺戮されたという。

このシリーンゴル盟の東スニト旗では、性暴力もまた横行していた。下放青年たちはモンゴル人女性を組織的に監禁し、妊娠するまで長期間にわたってレイプし続けた。かれらは強姦することを「人民群衆による専制」と呼んでいた。後日、正藍旗の女性、アディヤが自身の受けた性暴力について政府に報告している。

出世街道

モンゴル人大量虐殺が一段落した後の一九六九年一二月一九日、中国政府は内モンゴル自治区全体に軍事管制を導入した。文革中に省ないしは自治区全体が軍事管制下に置かれたのは、南モンゴルだけである。その前の七月末には自治区が分割されていた。東のフルンボイル盟とジェリム盟、それにジョーウダ盟はそれぞれ黒龍江省と吉林省、それに遼寧省に分け与えられ、西のアラシャン旗は甘粛省と寧夏回族自治区の支配下に移された。モンゴル人に残されたのはわずか三分の一の領土だった。歴史上の中国王朝が得意としてきた異民族に対する分割統治を、中国共産党もまた踏襲したのである。

こうした時期に、曲折は順調に出世していき、一九七〇年一〇月には憧れの中国共産党員となり、西ウジムチン旗革命委員会の常務委員に昇進した。

ところが、一九七一年九月一三日には、「偉大な領袖の親密な戦友にして、後継者」とされていた林彪元帥が飛行機で国外逃亡を図り、不運にもモンゴル人民共和国の草原に墜落して死亡する事件が起こった。中国とソ連は双方とも国境地帯に一〇〇万人に上る軍隊を結集させ、一触即発の緊張状態が続いていた。一九五〇年代末からイデオロギーをめぐって対立してきた結末

写真 1-8　林彪元帥が国外に逃亡する事件が発生した後の下放青年たち．写真提供：郭兆英

である。

事件からまもなく、シリーンゴル盟革命委員会政府に栄転していた曲折たちは、政府の公文書を中国南方の内地へ移し、山の洞窟に水と食料を隠してゲリラ戦に備えた（**写真1-8**）。一方、モンゴル人たちは信頼できない「反革命分子」とされ、内地への強制移住を命じられた。一九四五年八月一一日にソ連とモンゴル人民共和国の連合軍が南進してきて同胞のモンゴル人を解放した際に、南モンゴルのモンゴル人たちが、弟が兄を迎えるように歓喜していた情景を中国人はふたたび見たくなかったのである。

「私たちは山のなかの洞窟内に住み、暇だったので、野生のガゼルを撃ち殺して食べた。そして、ガゼルの頭を木から吊るして、射撃の標的にしていた」

と曲折は回想する。

こうした中国人のやり方はモンゴル人に極端に嫌われていた。モンゴル人は命を大切にし、野生動物を狩った後も、その頭部には魂が宿るとして森のなかか、山の頂上に飾っておく。銃弾で何十回と撃たれるガゼルの頭骨を見て、モンゴル人は涙を流していたという。

内モンゴル自治区で大量虐殺を指揮していた滕海清将軍は、一切責任を追及されることなく、済南軍区の副司令官として山東省へ転出していった。その後、一九七一年五月に尤太忠《ゆうたいちゅう》という中国人の軍人が北京から新しい支配者として派遣されてきた。ウラーンフーが失脚してから、中国のあらゆる自治区のトップは絶対に中国人、すなわち漢民族でなければならなくなった。自治区のトップを中国人が務めるということは、少数民族を北京当局は信頼していないという考えの表れである。ついでにいうと、旧ソ連は各共和国や自治共和国のトップも現地出身の少数民族が担当していたので、民族自決が確実に実践されていた。そして、現地出身の人物が共和国の指導者だったので、後にソ連から独立することができたのである。

写真1-9　内モンゴル自治区共産党書記の尤太忠（右から三人目）と秘書の曲折（左から二人目）．写真提供：郭兆英

尤太忠はほとんど字も書けない、粗野な人物だったので、北京からの知識青年、曲折を見初めて、自身の秘書に任命した（**写真1-9**）。

中国政府は当時、「内モンゴル人民革命党員を抉り出して粛清する運動は正しかった。ただ、やや行きすぎた点もあった」との公式見解を示していた。一方、モンゴル人は大量虐殺の被害者たちの全面的な名誉回復と加害者の処罰を求めていた。尤太忠は当然、名誉回復にも不熱心だったし、曲折のような加害者を重用する姿勢も批判されていた。もちろん、曲折は、自らの下放生活を振り返った際に、尤太忠を高く評価している。何といっても、無名の幹部であった自分を自治区政府トップの秘書官に抜擢した恩人だからであろう。

先駆者の運命

「無能の家畜」とモンゴル人から呼ばれていた尤太忠は、一九七八年一〇月に北京に呼びもどされたが、秘書の曲折は現地に残された。この時期、華国鋒《かこくほう》主席の下で、中国は全国規模で文革期に被害を受けた人々の名誉を回復し、加害者に対する処罰を進めていた。曲折には以下のような罪がある、と告発された。

一、人民政府の公金を五万元横領した。
二、女性をレイプし、妊娠させた。また、別のモンゴル人女性に羊の皮をかぶせてレイプした。
三、草原に放火し、遊牧民に火傷を負わせた。
四、複数の人間が殺害されたことに関与した。

こうした罪は公文書に書かれたものもあれば、壁新聞の形で暴露されたものもある。すべて事実かどうか、曲折は肯定も否定もしていない。

この時、すでに大半の下放青年はあらゆる手段を尽くして下放先から都市部にもどっていたが、さまざまな罪を突きつけられた曲折は、当然、内モンゴル自治区から離れられなくなっていた。郭兆英が一足先に北京に帰って奔走した結果、曲折もようやく一九八三年に国家地質鉱業部政治部への転勤が認められた。国家地質鉱業部は、郭兆英の父親が指導者となっていた中央省庁である。しかし、一九八五年から共産党は党内で整理整頓を始めると、曲折はふたたび、追放されることになった。彼には内モンゴル自治区に下放されていた頃に加害行為があった、と正式に認定されたからである。政界に未練がなくなった曲折は、一九九一年から経営コンサルタントの会社を立ち上げ、金儲けの世界に入った。

「一九九四年夏、私は郭兆英と一緒に内モンゴル自治区シリーンゴル草原に行ってみた。……私たち下放青年は努力した世代である。祖国に対しても、人民に対しても、自分たちの持っている才能と情熱を注いだ」

と曲折は語る。

「彼の人生はその名前の通り、紆余曲折に富んだものだ。しかし、祖国と人民を愛する気持はまったく変わっていない」

と、曲折に取材した同じ下放青年の劉小萌の印象である。

曲折は最後まで、モンゴル人が大量虐殺された事件に対し、真摯に反省の態度を示さなかったし、私にも会おうとしなかった。

「下放青年とはどんな存在だろうか」と私は郭兆英に尋ねた。

彼女は手元のアルバムを閉じてから言った。アルバムには彼女たちの青春が含蓄されている。


知識青年は一つの特殊なコミュニティである。

政府に動員されたとはいえ、ほとんどは自発的に農山村に入っていった青年たちだ。農山村を開発し、祖国に貢献したかった。しかし、漢民族の農山村とモンゴル人の草原は根本的にちがっていた。漢民族の農山村に下放された青年たちは現地の農民との衝突がひどかった。東北三省と雲南省、それに陝西省など、農民は下放青年を嫌っていたし、青年たちもまた農民を前近代的だと見てバカにしていた。

モンゴル人の草原は最高だった。異なる民族同士だからお互いを尊重し合っていた。モンゴル人は私たちを尊敬し、私たちにやさしかった。いつもいちばんいい食事を私たちに提供していた。

私たちは「知識青年」と呼ばれたが、たいした知識を持っていなかった。私たちは搾乳や子羊の育て方など、すべてモンゴル人について学ばなければならなかった。モンゴル人に教えるものは何一つなかった。私たちは毛沢東の指示通りに「再教育を受けて」、遊牧民になっていた。

おそらく、彼女のこの答えは長らく胸中に暖められてきたものだろう。

郭兆英も内モンゴル自治区を自分自身の「第二の故郷」と呼んでいるし、下放青年たちに親切に接したモンゴル人を「親戚」と呼んでいる。北京からの下放青年たちは「草原へ飛んだ赤い鷹」と謳歌されたが、「鷹」が残した大量虐殺の爪痕はまだ完全に消えていないのである。

曲折と郭兆英は「自発的」に北京を離れてモンゴルの草原へ飛んだ、と自称しているが、他の一千数百万人もの若者たちはどうだったのだろうか。

第2章

南京を旅立った「革命的荒武者」

馬取りの竿を持って，馬に跨る女性．これは「広闊の天地」内モンゴル自治区の下放青年を描く，パターン化したイメージである

「夕方だった。太陽がテンゲル沙漠のかなたに沈もうとしていた。黄河が遥か西の果てに細く光っていた。私は馬を飛ばして沙漠の道を疾走した。すると、馬の走った後に、沙埃が静かに立ち上り、しばらく消えなかった。これはもう、私の原風景になっている」

このように私に語ったのは、南京からの下放青年、丁明《ていめい》（二〇〇六年当時五五歳。**写真2‐1**）である。

テンゲルとは、「蒼天」の意である。南京出身の下放青年丁明にとって、私の故郷、内モンゴル自治区オルドス高原の北西部に広がる「天たる沙漠」での生活が、すっかり原風景になったのである。

1　失意の古都

「おれはモンゴル人」

私は二〇〇六年二月二六日に南京入りし、古南都《グランド》ホテルに泊まった。事前に連絡しておいた丁明はホテルまで訪ねてきて、私に静かに下放生活について振り返った。

私が乗っていたのは駿馬だった。気の強い馬で、おもがいを付ける時にはいつも嫌がるので、捕まえようと近づいていく際も背中の後ろに隠しておくんだ。しかし、私がそばに立つと、自分の方から首をおもがいのなかに入れてくれる。モンゴル人は自分の馬を他人に貸したりはしない。私が南京にもどってから、誰に乗られたか、ずっと心配していた。後で聞いたが、馬群に返して、誰も乗らなかったそうだ。丁明の馬だから、そっとしてやろう、と「親父」のザンバラがそう話したらしい。

写真 2-1　南京の知識青年丁明

この見方は、典型的な遊牧民モンゴル人の思想である。モンゴル人はどんなに貧乏になっても、乗っていた馬を手放そうとしないし、簡単に他人に貸したり、借りたりしない（楊海英『草原と馬とモンゴル人』二〇〇一）。このようにオルドス高原での放牧生活を回顧する時も、丁明は自分をモンゴル人だと表現していた。そして、実際、彼はモンゴル語も交えながら、私と会話した。

「一九八〇年に南京にもどってからモンゴル語をほとんど使わなくなったので、少し、忘れてしまった」と彼は苦笑いする。

一九六八年一〇月二一日、一〇六一人の青年たちが南京から

写真 2-2　オルドス高原に向かって出発する前日の南京青年が家族と撮った一枚．全員の胸に毛沢東バッジが光る

遥々と北方の内モンゴル自地区西部のオルドス高原を目指した（**写真2-2**）。その時、青年たちを動員する大規模集会は、私が投宿した古南都ホテルの向かいにある五台山体育場で開かれていた。丁明は時折、ホテルの部屋からその五台山体育場を眺めながら、過去の歴史を思い出していた。

老紅衛兵から「犬っこ」に

文革が発動される前の丁明は、中国共産党の高級幹部の子弟だった。

父親は国営の大企業、江南セメント工廠の社長で、母親は名門第十中学（現・金陵中学校）の校長を務めていた。

丁明の父は浙江省天台地域の大地主の息子で、上海復旦大学の学生だった頃に共産党系の新四軍に入った。新四軍の指導者陳毅《ちんき》将軍は中華人民共和国の「十大元帥」の一人に選ばれた功臣で、丁明の父はその側近だった。建国直後は台州地区の共産党書記に任命されたものの、次第に重用されなくなった。丁一族が「搾取階級の地主」だったことと、本人が高学歴の知識人だったため、労働者と農民の代表を自任する共産党から次第に疎遠にされるようになったのである。

「政権を取るまでは知識人をとことん利用するが、建国後には切り捨てる。父は一族の全財産を共産党に寄付したが、それでも信頼されなかった。建国前に国民党当局によって逮捕された過去も問題視された。そこで、江南セメント工廠の社長のポストに左遷されたが、それでも当時は高級幹部だった」と、丁明は話す。
首都北京と同じように、南京でもまず高級幹部の子弟たちが率先して、毛沢東の呼びかけに応じて造反していた。母親が校長となっている中学校では、丁明が共産党江蘇省委員会の高官たちの子弟たちと一緒になって、「十中紅衛兵」を結成した。老紅衛兵である。

私たち老紅衛兵はみな高官の子供たちだったので、優越感に溢れていた。将来は父祖のポストを受け継ぐものだ、という「革命的血統論」を固く信じていた。そして、文革の発動で自分たちはもっと早く革命の後継者になれると考えていた。だから、先頭に立って資本家や反革命分子、「反動的な知識人」とされる者の家を襲撃し、暴力を働き、財産を略奪していた。しかし、まもなく私たちの親の世代の人々が何と「資本主義の道を歩む実権派」として打倒される対象となった。一夜にして「革命幹部の赤い苗」の老紅衛兵から「臭い犬っこ」(臭狗崽子《チューコーサイザ》)に陥れられたのだ。その瞬間、人間の本質がわかった。中国の政治は信用できるものではない、と冷静になった。

老紅衛兵たちが退陣するにつれて、代わりに台頭してきたのは造反派の紅衛兵だった。造反派によって打倒された高官たちのなかには丁明の父親もいた。丁明の父親は「死んだ虎」と呼ばれた。文革以前からすでに重用されなくなっていたので、「死んだ虎」とされたのである。「死んだ虎」でも無罪放免にはならないし、建国前に国民党政権によって逮捕された経歴がふたたび問題視されたのである。父親の二度目の失脚に伴い、丁明は政治に対する関心を一気に失い、一日も早く、南京を離れたくなった。

異郷の愛情

古都南京市では、労働者を中心とする「紅総《こうそう》」と大学生の団体「八二七」が激しく対立し、毎日のように武装闘争を展開していた。ある日、建設中の南京長江大橋の工事現場で包囲された「八二七」は、「紅総」から猛攻撃を受けて死者を出してしまった。双方とも造反派を自称し、権力闘争に明け暮れていた。この南京長江大橋は当時、中国の近代的建築物のシンボルとして全国的に知られていた（**写真2-3**）。

「私たちは失意のうちに内モンゴル自治区のオルドス高原に入った。しかし、モンゴル人は本当に暖かく私たちを受け入れてくれ、現地では一切、差別を受けなかった。モンゴル人たちも当時、大量粛清されていたが、私たちは加害行為にほとんど加わらなかった。文革にすでに幻滅していたからだ」

と、丁明は語る。

丁明はオルドス高原の北西部、オトク旗のイケ・ブラク人民公社のモンゴル人、ザンバラの家に入って暮らすことになった(地図2)。

写真 **2-3**　1960年代の中国の近代的建築物のシンボル，南京長江大橋を描いたポスター

「ザンバラは少しだけ中国語が話せたが、彼の奥さんと一男一女の子供はモンゴル語以外全然わからなかった。モンゴル語がわからないと家畜の放牧も当然、できない。私は一所懸命モンゴル語を覚える努力をし、しばらくしたら一人で二〇〇頭ものラクダを管理できるようになったのだ」

と、丁明は自慢する。彼の表情は実に明るい。

イケ・ブラク人民公社でも当時はモンゴル人たちが「民族分裂主義者の内モンゴル人民革命党員」とされて、粛清されていた。丁明をはじめとする二二人の下放青年は全員、「証拠を明示しない限り、モンゴル人を逮捕してはいけない」との立場を取った。

我々二二人は全員、打倒された高級幹部の子弟だ、

と地元の貧下中農協会の主任らはわかっていた。かれらは、「南京の知識青年は内モンゴル人民革命党員と同じ政治的な立場に立っている」、と話して、私たちを追放しようとしていたらしい。しかし、「下放青年は毛主席の命令でやってきた人々だ」、と上級政府の命令が届いていたから、そこまで踏み切れなかったようだ。

丁明が言う「地元の貧下中農協会」とは、陝西省から内モンゴル自治区のオルドスに侵入してきた中国人たちを指す。かれらは草原を占領して農耕地に開拓しようとしてモンゴル人を敵視していた。そのため、文革が始まると、陝西省からの中国人たちは、自治区政府の権力を奪ってモンゴル人を殺戮する急先鋒を演じた。このような中国人たちの跋扈《ばっこ》に対し、南京からの下放青年たちの多くは果敢に異議を唱え、モンゴル人側に立った。文革は一種の権力闘争だ、ということをかれらはすでに南京で経験していたからである。

私たち二二人のうち、最初はオルドスの漢人の家に住むよう命じられた者もいた。しかし、漢人は私たちをひどく差別していた。いつも、自分たちだけでこっそりおいしいものを腹一杯食べて、下放青年にはお粥を一杯しか出さなかった。しばらくしたら、全員がモンゴル人の家に行きたいと政府に陳情して配属先を変えてもらった。モンゴル人は漢人とちがって、家のなかのいちばんのごちそうを私たちに食べさせてくれた。育ち盛りの若者だし、両親と離れてかわいそうな人々だ、と可愛がってくれた。失意のうちに故郷から追い出されて、異郷に来て初めて愛情を感じたのである。その愛は、モンゴル人がくれたものだ。モンゴル人は中国の諸民族のなかで、いちばん誠実な人々だ。

このように語る丁明は、自分の下放先のイケ・ブラク人民公社を「わが公社」、ザンバラ家を「わが家」と表現する。

丁明は一九七一年にオルドスにあるカシミヤ工廠の労働者に採用された。一九八〇年代になると、カシミヤ工廠に日本の科学技術が導入され、やがて中国のブランド「オルドス・カシミヤ」が誕生した。丁明は今、そのオルドス・カシミヤの南京支店長を務めている。

「一九九七年に一度、オルドスに帰った。ザンバラはすっかり年を取ってしまい、私たちは抱き合って大泣きした。人生のなかで、最も辛かった時期を一緒にすごしたからだ。翌年、彼は亡くなった」

と、丁明は回想する。

「話はひとまずここまでにして、続きはまた明日にしよう。実は、弟が故郷から来たというニュースを元知識青年のみんなに伝えている。かれらが今あなたを待っている」

と、丁明に言われたので、私は素直にしたがった。南京からオルドス高原に下放され、その後また都市部にもどった青年たちには、今や江蘇省の各地だけでなく上海や広州に就職した人もいるという。私が南京に滞在している間、なるべく会いにきて、これを機会に参集するという。

『忘れ難きオルドス』

南京市内を流れる秦淮河《しんわいが》のほとりに建つ高級中華料理店に、私は丁明と一緒に入った。すると、何と二九人もの元知識青年たちが待っているではないか。かれらは私と抱擁し、なかには涙を流す人もいた。

食事中、私は持参してきた一冊の本を取り出した。南京の下放青年たちがモンゴルでの生活を回顧した本で、一九九三年に出版された『忘れ難きオルドス』(『難忘鄂爾多斯』編集委員会『難忘鄂爾多斯』)である。私はかれらに本の扉頁にサインしてもらった。三〇人分のサインを見て、かれらは感激した。

「本が出てからまだこれほどの人数で集まったことがなかった」とみんなが嘆く。

実は、私がこの『忘れ難きオルドス』を持ち、遥々と南京を訪れたのには、ある個人的な経験があったからである。

モンゴル人大量虐殺運動が一段落した後の一九七二年秋のことだった。逃亡先からオルドスにもどって、地元の小学校の校長になっていた父が、ある月夜に二人の若い女性を連れてきた。母はすぐに火をおこし、普段は食べられない肉うどんを作った。文革中に肉は貴重品だった。家畜は人民公社の国有財産で、勝手に屠って食べてはいけなかったのだ。当時のモンゴル人は畑を作っていなかったし、肉と乳製品もなかったので、慢性的な飢餓に襲われ、民族全体で無気力の状態に陥れられていた。母は秘匿していた非常用の肉と小麦粉でうどんを作ったのである。

父が連れてきた二人は、私がラジオで聞いていた、美しい北京語を話しているではないか。オルドスに闖入してきた陝西省の中国人農民が操る、粗野な言葉ではなかった。一挙手一投足、すべてが洗練された美人だった（**写真2－4**）。

「南京からの知識青年だ。父さんの小学校の先生になってもらっている」と父は言った。

生まれた時から口腔の手入れをせず、黄色い歯をした地元の中国人が草原を片端から開墾して沙漠にし、モンゴル人を殺害しては財産を奪っていた時代である。そのような地元の暴力的な中国人を憎まないモンゴル人は誰一人いなかった。子供ながらも暴力を目撃していた私は、中国人に対して複雑な気持を抱いていた。

写真2-4　内モンゴル自治区オルドス高原に下放されていた南京の知識青年.「新しい牧畜民の心は毛主席に向かって拍動する」とある

しかし、あの二人は地元の中国人と完全にちがって、モンゴル人を差別しなかった。彼女たちは次の日には母と一緒に羊の搾乳をしていたが、それも完全に慣れた手つきだった。

彼女たち、「南京人」は絶対に中国人ではない、と私は思っていた。

写真2–5　オルドス高原に下放されていた史貴清と瀋少文夫妻．写真提供：史貴清

宴会の席上で、私は以上のような自分の子供の頃の経験を挨拶代わりに話した。父親が連れてきた二人の美しい知識青年はその宴席にいなかったようだが、史貴《しき》清《せい》と瀋少文《しんしょうぶん》夫妻は、私の実家のすぐ近く、オルドス高原ウーシン旗の河南人民公社に下放されていた（**写真2－5**）。かれらは最初、中国人からなる「五七幹部学校」という農場で働かされていた。地元の中国人たちはいつも肉のある食事を取りながら、下放青年には薄い粟粥しか提供しなかった。一日三食お粥では農作業ができない、と青年たちはハンガーストライキを発動して抗議した。まもなく、かれらも全員、モンゴル人の家に配属替えとなった。モンゴル人の家では、客人として大事にされていた。

「弟のために、故郷の歌を唄おう」

と史貴清はモンゴルの民謡、「木彫りの鞍」（彫花的馬鞍）を唄った。美声である。

私が小さかった頃に、
神秘的な揺り籠があった。

それは、木彫りの鞍だった。
私と共に金色の少年時代をすごした鞍だった。

父さんが私を初めて馬の背中に乗せた時
母さんは優しく声をかけてくれた。
馬の背中で、私は草原のごとき広い世界
を見ることができた。
馬は私にモンゴル人の勇敢さを教えてく
れた。

「この歌ほど私たち夫婦の人生を描き切った
ものはない」と史貴清は話す。
オルドス高原の中国人（漢民族）から離れてモ
ンゴル人と暮らすようになった史貴清は、歌の
なかの歌詞通りに馬の放牧者になった（**写真2-6**）。馬群の管理は、遊牧民のモンゴル人も憧
れる職業である。モンゴル人は、いわば遊牧社

写真 2-6　内モンゴル自治区で馬の放牧に携わる下放青年たち．手には馬取りの竿を持っている．著者蔵

会内の最高のポストを、南京から下放されてきた青年に与えたのである。鞍は、モンゴル人にとってまさに人生の揺り籠である。彼は草原で馬を駆って暮らし、一九七一年には地元政府の電力局の技術者に採用された。

2 「犬っこ」たちの南京

テロに包まれた南京

二月二八日の南京は雪だった。

市内を穏やかに流れる秦淮河に近いところで、私は王小鈴《おうしょうりん》（当時六〇歳。**写真2-7**）とお茶を飲みながら、彼女の語りに耳を傾けた。

この時、中国では『中国青年報』系統の新聞、『氷点週刊』に掲載された広州中山大学の袁偉《えんい》時《じ》教授の論文が問題となっていた。中国共産党の独善的な排外主義を批判し、抗日戦争には国民党軍も積極的に関わった、という趣旨の論文である。事実を淡々と述べ、暗に共産党はあまり日本軍と戦っていなかったと主張する内容だった。

前日の夜に開かれた私を歓迎する宴会でも、話題は当然、日本に及んだ。私を「弟」と呼んでくれる南京の知識青年たちの気分を害さないよう、私も慎重に言葉を選んで、南京事件について尋ねた。すると、丁明をはじめ、みんな「最近になるまで南京事件については何も知らなかった。

教えられたこともなかった」と証言した。王小鈴も「南京城を守っていたのは国民党軍である。中国共産党が全国人民をリードして抗日戦争を勝ち抜いたとの説は成立しない」、と明白に主張していた。そのような論鋒の鋭い見解を持つ彼女は、以前からオルドス高原に下放されていた青年たちのなかの「知識人」だと言われていた。

王小鈴は知識人の家庭に生まれた。

写真 2-7　オルドスのモンゴル人と談笑する王小玲(左)．写真提供：王小玲

父親は中華民国の名物記者、天津『大公報』の范長江《はんちょうこう》の部下だった。范長江は、日中戦争期に名著『中国の西北角』を書き、抗日前線に立つ国民党軍を後方から支援する人々の日常生活と文化を描いて、将兵を鼓舞していた。王小鈴の父親も、その影響で日本軍と死闘の末に戦死した張志忠《ちょうしちゅう》将軍のインタビュー記事を書いて頭角を現していた。共産党が政権を取った後は国営の新華社の記者に転身したが、報道の姿勢と理念が合わず、まもなく「反動的な文人」として追放されていた。文革が発動されると、父親はいち早く打倒され、「牛小屋」(牛棚)と称する監禁部屋に閉じ込められ、暴力を受けていた。

写真2-8　南京の女性紅衛兵．ベルトをし，毛語録を持ち，髪の毛を短く切るのが当時の流行だった

「反動的な文人」の娘、王小鈴は南京市トップ3の成績で名門の第四女子中学（現・匯文女子中学）に入った。この第四女子中学はアメリカ人が清朝末期に創設した女学校だった。一九六六年に高校を卒業したものの、大学はどこも学生募集を中止していたので、女学生たちはみなそのまま無職状態で高校に溜まっていた。

「私は成績がよく、全南京市の優秀な学生に選ばれていたので、学校の共産主義青年団の副書記となっていた。文革が勃発すると、すぐに紅衛兵が現れた。高級幹部の子弟からなる老紅衛兵で、私のような反動的な文人の娘は出身が悪いので、最後まで受け入れてくれなかった。だから、私は紅衛兵になれなかった」

と王小鈴は語る。

第四中学の校長も「毛沢東思想に反対した修正主義分子」として批判闘争された。暴力を振るっていたのはほとんど高級幹部の子弟からなる老紅衛兵たちだった（**写真2**-**8**）。

一九六七年一月二六日、紅衛兵や群衆組織は南京市共産党政府の権力を奪い、新しい政権を樹立すると宣言した。そして、南京軍区司令官の許世友《きょせいゆう》将軍を「摘み出して批判する」か否かで、群衆組織は大きく「好派《ハオパイ》」と「屁派《ピイパイ》」に分かれた。「好派」とは、「文革の発動と奪権は好い」との立場であった。「屁派」は逆に「好いどころか、屁くらい臭い」と批判したことで、そのような名称が定着した。「屁派」という言葉を使っていること自体、群衆組織はあまり教養のない人々からなっていたことがわかる。

夏になると、両派の武力闘争が激しさを増し、ついに「屁派」に属する崑崙中学の学生が「好派」の労働者に刺殺される事件が起こった。そして、混乱に乗じて「五湖四海」と称するテロリスト集団が現れ、宗派を問わず夜間に暗殺行動を起こすようになった。

大都市での武装闘争に幻滅した女子学生たちは、南京を離れて遠い世界に行きたかった。同級生のなかには新疆ウイグル自治区に憧れていた者もいた。新疆では当時、生産建設兵団という屯田部隊が新設され、「理想のある若者」たちの参加を周恩来総理が呼びかけていた(第5章参照)。

「大草原を魚と米の田園に造りかえよう」

王小鈴とその友人たちが遠くの辺境に行こうと模索していた頃、彼女の弟、第九中学の王清民《おうせいみん》もまた同級生の黎亜明《れいあめい》、李兵《りへい》、華沙らと共に、一九六八年八月上旬から北京の青年たちが内モンゴルへ「上山下郷」に行った記事を集め、ひそかに準備を始めていた。前章で述べた曲折らの行動である。『忘れ難きオルドス』には、その経緯を以下のように詳しくまとめている。

八月一八日、中国共産党の機関紙『人民日報』は社説で全国の学生たちに対し、「工農兵と結合する道を歩もう」と呼びかけた。この呼びかけを受けて、南京市第九中学の王清民と黎亜明たちはいろいろと相談しあった後、八月二〇日の昼に「決心書」を書いた。それは次のような文章だった。

偉大なる領袖毛沢東主席は全国の青年たちに対し、農村と辺境、工場と鉱山など社会の末端に赴き、労働者や農民、それに解放軍兵士と結合する道を歩もうと呼びかけた。この呼びかけに応え、工農兵と結合する道を動揺せずに行くため、私たちが内モンゴルの辺境に行って定住することを許可してほしい。最も苦しいところ、最も私たちを必要とするところに派遣してほしい。工農兵大衆のなかに根をおろし、革命の先輩たちの光栄なる伝統を受け継ごう。そして、自らの両手で、一所懸命に働いて、広大な内モンゴルの草原を魚と米で溢れる豊かな田園に造りかえよう。

この決心書には王清民と黎亜明、李兵と華沙、林聯勤《りんれんきん》と呉大同《ごたいどう》など計一二人の青年が署名した。一同は決心書を七部書き写して、地図の上から見て沙漠の多い内モンゴル自治区オルドス地域のオトク旗とウーシン旗、アラシャン左旗とアラシャン右旗、それに中部シリーンゴル盟のスニト左旗とスニト右旗などに送った（地図1、2参照）。

翌日、かれらはまた決心書を大きな赤い紙に写して大字報（壁新聞）の形でキャンパスの壁にも貼りだした。当時、学生たちの多くも次第に「武闘」にあきており、辺境へ行こう、という呼びかけは好意的に受け止められた。

決心書を内モンゴル自治区へ送ったとはいえ、地元南京市革命委員会の支持がなければ実現できないこともわかっていた。そこでかれらは、八月二三日に南京市五台山体育場で開かれる群集大会に、南京市革命委員会の主任で、毛沢東の忠臣である許世友将軍が出席するとのニュースを聞いて、その機会にアピールすることを決めた。会議の日、黎亜明と呉大同の二人は解放軍兵士の仲介で決心書を許世友将軍に渡すことができた。

八月二四日の午後、黎亜明ら第九中学の学生代表と第二女子中学の代表張暁芳《ちょうぎょうほう》、南京師範学院付属中学の代表らと共に、南京市革命委員会幹部と六三八四部隊政治委員の彭勃《ほうぼつ》らの接見を受けた。

「革命的な荒武者(闖将《チュアンチャン》)たちは、我々老将《ラオチャン》よりも先に行っているな！」

と、彭勃から熱い言葉で賞賛された。

続いて彭勃は、老将たる自身の「反動的な国民党軍と勇猛果敢に戦った革命の経験」を熱く語り、「内モンゴル自治区は苦しいところだ。十分思想的な用意をしてから、革命の先輩たちの仕事を引き継いで、最も困難の多い地域に行きなさい」と指示した。

内モンゴル自治区のアラシャン右旗やスニト右旗からの返電は八月二五日と二六日に届いたが、青年たちの革命の意思を賛同しながらも、受け入れるとは書いていなかった。いささかがっかりしたが、翌二七日のオルドス高原オトク旗からの電報はまったくちがう内容だった。電報には次のように書いてあった。

南京第九中学聯合委員会
林聯勤と呉大同、それに黎亜明など計一二人の紅衛兵の荒武者たちが、偉大なる領袖毛主席の呼びかけに応じて私たちの旗に定住したい、という趣旨の手紙を受け取った。我々はあなたたちを熱烈に支持する。あなたたちと同じような思想をもつ卒業生の青年たちが、わがオトク旗に定住に来るのを熱烈に歓迎する。
わがオトク旗は牧畜業を主とするところで、面積は広いが、人口は少ない。学生たちにとって、生活は苦しいかもしれないが、前途は明るい。大勢の貧しい農民と貧しい牧畜民たちはあなたたちと一緒に毛沢東著作を学び、毛主席の最新指示を守り、プロレタリアの文化大革命が全面的な勝利を得られるよう闘争したい、と渇望している。手続きを終えたら、電報で知らせるように。

内モンゴル自治区オトク旗革命委員会
一九六八年八月二七日

数日後、同じくオルドス高原にあるウーシン旗からも受け入れの電報が届いた。ウーシン旗は私の故郷で、オトク旗の南にある。

南京市革命委員会がオルドスのオトク旗やウーシン旗と交渉した結果、五〇〇人の青年が派遣されることになった。しかし、内モンゴル自治区へ知識青年を派遣するとのニュースは瞬時に南京市に伝わり、第三女子中学と第三中学、第四女子中学と寧海中学、二五中学と二六中学などからも志望者が殺到した。志望者たちは厳しい「政治審査」をへて選ばれた。かくして、王小鈴と王清民の姉弟たちはオルドス高原に下放されることになったのである。

経験交流の知識

南京の知識青年の一人、戴佐農《たいさのう》もまた発起人を自任している。彼は次のように回想している(『忘れ難きオルドス』)。

北京や上海、それに天津とちがって、南京市には「辺境支援」を目的とした青年の下放任務はなかった。それでも、南京の青年たちの行動は江蘇省政府と内モンゴル自治区政府の支持を得て実施された。運動は主として南京師範学院付属中学と南京市第九中学、それに南京市第二女子中学などの学生らが中心となって発動したものである。

一九六七年の南京市は大規模な「武闘」で憂鬱な状態に陥っていた。棍棒や槍の前では、学生たちの弁舌は無力になっていた。「人民解放軍毛沢東思想宣伝隊」による軍事管制が導入され、「授業を受けながら革命しよう」という政府政策も有名無実だった。そうしたなか、自分たちの革命の方向はおのずと示されていた通りになった。というのは、すでに一九六四年に南京市第九中学から黄桂玉《こうけいぎょく》という人物が、大学に入るよりも農村行きを選んだことで、「南京市の模範的な青年」として宣伝されていた。「農村は広々とした天地で、そこに行けば大いに活躍できる」という党と政府のプロパガンダは、純粋な若者たちの理想をさらに膨らませた。

戴佐農は、一九六七年に徒歩で南国の南京から北中国の陝西省にある中国共産党の「革命聖地」の延安まで旅し、経験交流(大串聯)したツワモノである。延安についた彼は、その北に隣接するオルドス草原の存在を知っていた。そこで、戴佐農は同志の張三力《ちょうさんりき》と向家徳《こうかとく》、余本仁《よほんじん》と杜紅《とこう》月《げつ》、それに謝鴻雁《しゃこうがん》と王燕玲《おうえんれい》らによびかけ、九人の連名で内モンゴル自治区革命委員会に「草原に行って上山下郷」したいとの趣旨の手紙を書いた。内モンゴル自治区を選んだ理由は三つあった。

第一、内モンゴル自治区はすでに北京市などの知識青年たちを積極的に受け入れていた。

第二、同窓生の杜紅月の叔父にあたる高錦明《こうきんめい》が内モンゴル自治区革命委員会の副主任を務めていたから、その力を借りたかった。

第三、中ソ関係が悪化していた時代で、両国間の衝突はもはや避けられない可能性が高く、自分たちは「愛国青年」として反ソ連修正主義の最前線に立ちたかった。

そこで、戴佐農と余本仁は文学作品によく現れる内モンゴル自治区東部の「ホルチン草原」に入って直接偵察し、杜紅月と謝鴻雁らは内モンゴル自治区の首府フフホト市に行って、叔父の高錦明に会って支持を獲得しよう、と二手に分かれて行動した。八月、戴佐農らはホルチン草原

（ホルチン右翼前旗）に入り、モンゴル人から熱烈な接待を受けながら、国境を挟んでモンゴル人民共和国を眺めてから八月下旬に南京市にもどった。一方、杜紅月と謝鴻雁らはフフホト市で高錦明革命委員会副主任の支持を獲得する。ついでにいうと、高錦明は前章で触れた滕海清将軍と共にモンゴル人大量虐殺を指揮していた人物である。

戴佐農らとほぼ同じ時期に、南京市第九中学の十数名の学生たちが内モンゴル自治区の各旗に手紙を送って、知青の受け入れを探していた。しかし、返事が届いたのは、オルドス高原のオトク旗とウーシン旗だけだった。

3　「モンゴル人と結合する」道

無知な「知識青年」

オルドス高原のモンゴル人たちは南京からの下放青年たちを「熱烈に歓迎」し、王小鈴たちはオトク旗バヤンウンドル生産大隊に落ち着いた。バヤンウンドルとは、モンゴル語で「豊かな高原」との意である。彼女は次のように回想していた（『難忘鄂爾多斯』）。

私たちの多くは南京で「臭い犬っこ」とされた者で、紅衛兵にもなれなくて、ひどく差別されていた。しかし、オルドス高原バヤンウンドルのモンゴル人たちは、その広大な胸のなかに私たちを受け入れてくれた。モンゴル人たちは私たちを「毛主席が派遣してきた知識青年」と呼んでくれた。

オルドスではすべてが新鮮で、視野も広がった。草原の丘の上に立つと、遥か遠いところをゆっくりと流れる黄河とテンゲル沙漠が見えた。一瞬にして、南京でのひどい差別と苦しみが頭のなかからすっかり消えていった。

王小鈴は歌が好きな女性だったので、すぐにモンゴル語でも唄えるようになり、さらにモンゴル人たちに好かれるようになった。一九七三年、大学の入試も部分的に再開したので、彼女は江蘇省南京師範学院を受験し合格した。大学で四年間学んだ後に、彼女はふたたびオルドスのオトク旗にもどって、学校の教師となった。大学に行くことができたのも、下放先のモンゴル人たちが推薦してくれたからだ、と彼女は恩義を忘れなかった。オルドス高原で生まれた一人息子は今、アメリカの大学で博士の学位を取ろうと努力しているという。

「世界の三分の二の人民はまだアメリカ帝国主義と資本主義の日本に搾取されているので、解放しなければならないと教育されて、私たちは農山村へと下放された。アポロ号が月に行ったことも、新幹線が日本列島を走っていたことも知らず、無知だった。最大で高校しか出ていなかった私たちは知識青年と呼ばれてきたが、実際は世界のことは何も知らなかった」

と彼女は語る。

造反精神の共有

王小鈴たちと会ってから、私は南京で一番の高級ホテル、有名な金陵飯店に「引っ越す」ことになった。王自正《おうじせい》という「兄貴」の「命令」にしたがったためである。一〇〇〇人もの下放青年がオルドス高原に下放されていたが、王自正はまさに私の実家がある、ウーシン旗に下放されていたので、私に対して「兄貴」を自任する。彼はある大病院の主任教授を務めていた。

「人生の教師であるオルドスのモンゴル人に恩返しするチャンスがないので、せめて弟を良いホテルに泊める」

と彼は話し、金陵飯店を予約してくれた。

王自正の下放経験は他の青年たちと少し、異なっている。

下放青年たち一〇六一名が一九六八年一〇月二一日に南京を発った後、一一月二日の深夜に、南京西駅から一人で山東省徳州行きの列車に乗り込む青年がいた。仲間たちを追う王自正である。彼は、徳州に着いてからさらに河北省の石家荘《せっかそう》市を経由して、山西省の省都太原に入った。すべて無賃乗車である。太原からは長距離バスを乗り続けて、一カ月後にオルドス高原の南端、モンゴル高原と中国との境界地帯の楡林《ゆりん》市に到着した。偶然にも楡林にはウーシン旗のモンゴル人の馬車が来ていたので、彼はすぐにそのモンゴル人と友達となった。楡林からウーシン旗まで約一

写真 2-9　オルドス高原ウーシン旗の南京知識青年，周懐英．写真提供：周懐英

○○キロの沙漠の道を馬車は四日間で走り抜けた。砂まみれの馬車が長駆してウーシン旗革命委員会政府に入ると、ガールフレンドの胡《こ》文鳳《ぶんほう》とほかの友人たちが待ち受けていた（**写真 2-9**）。

「南京からオルドス高原に追放された青年たちはほとんどが犬っことされる人々で、両親や親族が打倒された者の子弟たちばかりだった。上山下郷とは、実際は流刑だよ。しかし、私には流刑の権利すら与えられなかった。犬っこよりも出身階級が悪かったからだ」

と王自正は語る。

「反動的な搾取階級」の出身者である王自正は、青年たちが下放されて行くのを羨望の目で眺めていた。「モンゴルのオルドス高原で待っている」。ガールフレンドの胡文鳳はほかの青年たちと出発した時に、このようなラブレターを王自正に渡していた。王自正は彼女の手紙を胸に、一路北上し、ついにモンゴル高原に現れたのである。

「オルドスのウーシン旗には合計二一七人の下放青年がいた。私が第二一七番だ」

と彼は自慢する。

私たち下放青年はみんなモンゴル語を学び、モンゴル人を尊敬していたので、愛情を注がれた。南京で失われた、人間としての愛をモンゴル人がふたたび私たちにくれたのだ。
オルドスのモンゴル人は、万里の長城の楡林に近いところの草原が漢人に占領されていたので、みな漢人が大嫌いだろう。代々、住み慣れた土地から漢人によって追い出されたから、両民族の対立は激しい。それに、陝西省の漢人はモンゴル人をひどく差別する。私たちはモンゴル人と一緒に、夜になるとこっそりと禁止されていた歌、『ガーダーメイリン』を唄ったものだ。

王自正が言うガーダーメイリンとは、南モンゴル東部のホルチン草原出身の男である。中国人に占領された草原を取りもどそうと蜂起し、殺害された悲劇の英雄である。

「造反して立ち上がったガーダーメイリンは、モンゴル人の草原を取りもどすためだった」
民謡『ガーダーメイリン』のなかにはこのような歌詞があるので、文革中は固く禁止されていただけでなく、今もその内容は機微に触れるとされている。

その晩、王自正たちと私は酒を飲みながら、何回も『ガーダーメイリン』を唄った。私たちはみな、一種の「造反精神」に酔いしれていたのである。南京の青年たちは政府と共産党から排除された「犬っこ」であったし、かれらを受け入れたモンゴル人もまた大量虐殺されていた。排除され、虐待されていた者たちの同病相憐れむ精神が、両者の心を繋いでいたのである。

写真2–10　南京を離れる前の梁麗蓉（右から二人目）．写真提供：梁麗蓉

ユートピアのモンゴル草原

実は、私は南京に来る前に、故郷のオルドスでも下放青年たちに会っていた。

二〇〇五年八月二二日、内モンゴル自治区西部のオルドス市オトク旗の政府所在地ウラーンバラガス鎮にある信用組合のなかで、私は信用組合の主任、梁麗蓉《りょうれいよう》（二〇〇五年当時五五歳。**写真2–10**）にインタビューした。信用組合のモンゴル人に梁麗蓉の名を尋ねると、「あっ、チャガン・ソブトだね」、と言われた。彼女は中国名よりも、モンゴル名チャガン・ソブトの方が広く知られているようだ。チャガン・ソブトとは、「白い真珠」との意味で、モンゴル人女性特有の名前だ。

私は梁麗蓉ことチャガン・ソブトと共に彼女の自宅に行った。夫のゲシクダライ（当時五六歳）は庭の盆栽に水をやっていた。二人は一九七〇年に結婚し、一男一女を設けた。子供たちはみなモンゴル語で教育を受け、モンゴル人を名乗っている。息子は現在、オトク旗の牧畜民となっている。

梁麗蓉は南京知青のなかでも、地元モンゴル人と結婚した数少ない女性の一人である。ほとんどの下放青年たちが都市部にもどった後も、ずっと下放先にとどまって暮らす少数派の一人である。そのため、私が彼女に過去を語ってもらったのである。

梁麗蓉は私にモンゴル人が愛飲するミルクティーを入れ、乳製品をテーブル一杯並べてから、静かにモンゴル語で語った。

梁一族の本籍は北京市である。祖父は医者だったが、社会主義中国が成立すると、「知識人は最も臭い最下層民」とされたので、両親は医者ではなく、労働者になる道を選んだ。それでも、差別から逃れられなかったので、父母は三歳の梁麗蓉を連れて南京市へ引っ越した。一家は南京市で静かに暮らし、梁麗蓉も秦淮区にある荷花堂小学校と第一九中学をへて、名門南京市第五中学を一九六七年に卒業した。

高校を卒業した時、南京市は深刻な混乱に陥っていた。なかでも特に第五中学は「武闘派」の主要勢力の拠点だった。父母と祖父らは引退して北京にもどっていたが、梁麗蓉は北京に行かずに、同志たちと一緒に文革に参加する道を選び、学校に寝泊りしていた。全国の情勢と同じように、南京市の紅衛兵たちも造反と保守に分かれた。具体的には大学生からなる「八二七」と労働者の「紅総」という二つの派閥だが、「八二七」は保守派の立場で、「紅総」が造反派だった。当時、約三〇〇〇人の生徒がいた第五中学は造反派の「紅総」が権力を掌握していたため、保守派の梁麗蓉は批判闘争の対象とされた。学校内に「人民解放軍毛沢東思想宣伝隊」が進駐してきた後も、授業らしい授業はまったくなかった。

写真 2-11　南京を発つ前の知識青年たち．写真提供：査建平

就職できる企業はなかった。工場はすべて生産活動が停止していた。自分も友人たちもいつ、「打倒」されるか分からない。今日の友は明日に敵になるかもしれない、というような日々が続いた。南京市にとどまっているだけでは、将来がない、とみんなで話し合うようになった。学生たちのなかには、全国各地へ出かけて「経験交流」を進め、「革命の先輩のように上山下郷に参加しよう」との政府の宣伝を信じる者もいた。しかし、実際は、混乱の南京から脱出して、個人に適したユートピアの桃源郷を探そうという人も少なくなかった。

「文革中の中国に桃源郷があるわけがない。南京市の紅衛兵の一部はどうやら、オルドスの近くまで行ってきたらしい、とのニュースが各中学に伝わると、内モンゴルの大草原への憧れは膨れ上がった」と、梁麗蓉は振り返る。

進学も就職もできない青年たちを内モンゴル自治区が受け入れたことを、南京市革命委員会政府は喜んだ。市革命委員会は「青年たちの上山下郷を支持する」との決定を出し、梁麗蓉の母校南京市第五中学には五〇名が割り当てられた。

一九六八年一〇月二一日、一〇六一名の知識青年たちが、安徽省蚌埠《ほうふ》列車段の用意した専用列車で南京市西駅をあとにした時、駅は泣き声に包まれていた（**写真2-11**）。一〇〇〇名は市革命委員会が決定した枠だったが、六一名は政府の阻止を無視して無理矢理に列車に乗り込んだりした人たちだった。

軍事組織から牧畜民と結合する道へ

青年たちを乗せた専用列車は、暖かい南中国の大都市を離れ、二四日にオルドス北部の黄河の入り江、ハイブル（海勃）湾に着いた。ハイブル湾市は黄河をまたがってできた工業都市で、内モンゴルはすでに冬の季節を迎えていた。

オルドス高原に着いてからの南京の下放青年たちは、中隊や小隊のような軍事組織にもとづいてまとめられていた。一個中隊はだいたい一〇〇〜一二三人からなり、梁麗蓉は第一九中隊第二小隊に組み込まれていた。この時、彼女は一八歳になったばかりだった。

ハイブル湾にはオルドスのオトク旗革命委員会からの歓迎隊が来ていた。盛大な歓迎式の後、一行はオープントラックに分乗して、寒風のなかのオルドス高原に入った。青年たちは全員南京市革命委員会から配られた綿入れのコートに身を包んでいた。

オトク旗政府所在地のウラーンバラガス鎮の北十数キロ先まで、出迎えのモンゴル人の行列があった。「赤い小枝《ウラーンムチュル》」と呼ばれる歌舞団も道沿いに歌や踊りを披露していたが、早速、南京の知青たちのなかからそれに加わる人がいた。下放青年たちの目には、内モンゴルの大草原には都市部のような「武闘」の血腥さはないように映った。

オトク旗に到着した翌二五日、青年たちは各人民公社に再分配された。

アルバス人民公社：一五七人

チャブ人民公社：一二三人

マラト人民公社：三人

……

梁麗蓉はチャブ人民公社に配属された。ここには南京市建鄴《けんぎょう》区出身の人が多かった。また、オトク旗と隣接するウーシン旗にも二〇〇人が派遣された。オルドス高原に着いた時、彼女は文革発動以来、初めて安堵感を覚えた。

一九四九年前の「旧中国」時代に医者になっていた祖父を持っていたためにずっと、いじめに遭っていた。医者は工・農・兵のような「政治的に良い出身階級」ではなかった。成績がよくても大学に入れる見込みはなかったが、それでも私はめげずに努力した。しかし、一九六六年に文化大革命が始まると、大学に入る夢も泡に化した。大学どころか、命も保証されない毎日だったので、私は内モンゴルの草原に希望を託したのである。しかし、内モンゴルにも同じように文革の嵐が吹き荒れていた事実を、知らなかった。

と、梁麗蓉は語る。

モンゴル人が大量虐殺されていた時代であるが、南京からの青年たちはその血腥い運動に関心を抱かなかった。粛清されているモンゴル人がみな、自分たちの「打倒」された両親のように見えていたからである。

オトク旗チャブ人民公社に着いてから、さらに再分隊され、梁麗蓉は他の一三人と共にバヤントロガイ生産大隊に行くことになった。生産大隊は一四人のために七軒の新しい家を建て、二人一部屋といういい待遇だった。しかし、労働は厳しかった。真冬にチャガン・ダライ、オルン・ブラクなどの地に行って、「大修水利」という名で進められていたダム建設工事に参加した。

「知識青年は農牧民と結合する道を歩まなければならない」

と若者たちは指導されていた。牧民の家に行くと、まず、毛主席語録を取り出して胸に当てながら「敬祝毛主席万寿無疆！」と叫ぶ。相手のモンゴル人も、「祝林彪副主席身体健康！　永遠健康！」と返事する。このようなやりとりを交わしてからようやく普通の会話に入る。モンゴル人の牧畜民たちも、朝には毛主席の肖像画に向かって敬礼し、晩にはまた一日の思想変化と労働状況を「報告」しなければならなかった。

一〇月三〇日にはバヤントロガイ生産大隊で「妖怪変化を批判闘争する大会」が開かれた。「妖怪変化」とは、「民族分裂主義者の内モンゴル人民革命党員」や搾取階級とされるモンゴル人を指す。男の下放青年の何人かは動員させられて、「妖怪変化」を殴った。しかし、女性たちは怖くて何もできなかった。批判闘争大会の時にはいつも党中央の公文書を読む係となっていた。「下放青年たちのほとんどが出身の悪い人だった。しかし、かれらのなかには、ここに来て、自分たちの革命意思を草原の人々に示そうとしてモンゴル人を殴った人もいたが、大半の者は、南京市で打倒され、残されていた両親のことを思い出して、批判闘争には加わらなかった」と、梁麗蓉は回想する。

モンゴル人との恋、結婚へ

梁麗蓉はやがてモンゴル人の青年ゲシクダライと知り合った。ゲシクダライの父親は「反動的な国民党の党員」で、典型的な「悪い階級」の出身だったため、知識青年たちと共にダムの工事に動員されていた。梁麗蓉も工事現場で「反動分子」の息子ゲシクダライと知り合い、恋に落ちた。

二人は一九七〇年に結婚した。結婚式は挙げなかった。結婚式は、「古い封建社会の悪習」とされて禁止されていたのだ。ゲシクダライ一家の財産は没収されて、ふとん二組以外何も残っていなかった。二人は大隊本部から四〇元のお金を借りた。酒を二本買い、知識青年たちの仲間を呼んで、うどんを食べて、新しい人生のスタートを祝った。式の時、義母はモンゴルの習慣にしたがって、チャガン・ソブトという美しい名前を、南国からの嫁につけた。

「モンゴル人は漢人が大嫌いだろう。でも、私たち南京からの下放青年はまったく嫌われていなかった」

と、梁麗蓉は当時を振り返る。

結婚してから、梁麗蓉はダムの工事から解放されて、義母と二人で人民公社の家畜を放牧することになった。夫のゲシクダライと義父はあいかわらず工事現場で労働していた。義母はまったく中国語が話せなかったので、梁麗蓉のモンゴル語は飛躍的にうまくなっていった。モンゴル語を上手に話せることは、「真に農牧民との結合の道」を歩んでいる証拠とされていた。

知識青年たちの上山下郷運動も下火になり、一九七二年から「都市部に帰還する旋風」が吹き始めた。青年たちは都市にもどるため、使える手段はすべて使った。病気と称したり、都市戸籍の人ならば誰とでも結婚したりして帰る道を探した。梁麗蓉は何回か「工農兵大学」や畜牧専門学校への入学を推薦されたが、自分がいちばん苦しかった時に優しく接してくれた義母らのことを考えて、進学も労働者になる選択も断念した。そのような梁麗蓉をオトク旗人民政府は「得がたい人材」と認定し、一九七七年から彼女をバヤントロガイ生産大隊の公立小学校の教師に任命した。三年後の三〇歳の時に政府信用組合の職員になって、現在に至る。

下放先による体験のちがい

梁麗蓉によると、彼女の弟は南京市から雲南省に下放されていた。

「下放先では地獄のようなひどい生活を送った」

と弟がいつも話していたが、梁麗蓉にはそれがどうしても信じられなかった。中国では一九八〇年代半ばから「知青故事」という下放青年たちの人生を描いたドラマや映画が多数上映されるようになっていた。

「雲南や東北地域へ下放された知青たちが経験した地獄のような悲惨な生活を、私はいつも疑うような気持で見ている。地獄のようなところに流された同じ年齢層の同志たちに同情しながら、あらためて内モンゴル自治区のよさがわかった。モンゴル人は私たちに本当に優しかった。だから、最後まで生き残ることができた」

と彼女は強調する。

一〇六一人いた南京知青であるが、現在のオトク旗には、八人の女性と二人の男性の計一〇人残っている。八人の女性のうち、三人が現地のモンゴル人と結婚している。男性は一人がモンゴル人の女性と暮らしている(終章参照)。

「私、モンゴル人女性ができる仕事なら、何でもできる。乳製品作りもうまいよ」

と、梁麗蓉は自慢気に話しながら、私にミルクティーを勧める。

「何年何月に何があったかなど、細かい数字まで覚えているのは、毎日羊を数えていたからよ」

梁麗蓉はすっかりモンゴル人になっていた。

二つのマイノリティの出会い

本書の冒頭で述べたように、文化大革命勃発後の一九六八年から七〇年代初頭にかけて、合計約一七〇〇万人の都市部の知識青年たちが農村・牧区へ強制移住させられた。かれらのなかには北京市の曲折のように、本気で貧農・貧牧から再教育を受け、満胸の熱血で「広闊の大地たる農村と牧区を社会主義の新天地に改造しよう」、との毛沢東の指示を確信した者もいただろう。

しかし、南京市からの一〇六一人はちがっていた。

「南京知青の多くは紅衛兵組織に入れなかった狗崽子《コーサイザ》(犬っこ)だった」

とかれらは回顧している。

かれらはまた、「私たちは四多分子からなっていた」、と語る。「四多」とは、「長男長女が多い。継父・継母が多い。知識分子家庭出身者が多い。悪い家庭の出身者が多い」ことを指していた。下放青年の多くは、長男長女として、政府から各家庭に割り当てられた上山下郷の「任務」を担わなければならない地位にあった。そして、社会的には知識人のように「出身階級」が悪く、「革命の隊伍」に加われなかった人たちである。南京市にいた時は「武闘」に巻き込まれ、造反派に打倒される対象だった。極左路線でマス・ヒステリア(大衆狂乱)に陥っていた当時の中国において、かれらはいわば「革命の紅い潮流」から捨てられた青年たちであった。だからこそかれらは、沙漠の多い内モンゴル自治区に活路を求めてやってきた。

かれら自身の言葉を使えば、モンゴル人はかれらを暖かく受け入れた。出身ゆえに都市部では差別され、「武闘」では命を落としかねないかれらにとって、内モンゴル自治区のオルドスはまさに安住の地だった。

モンゴル人も当時、いやおうなく毛沢東ら中国共産党が発動した文化大革命に巻き込まれ、内モンゴル人民革命党員や「日本のスパイ」との冤罪を着せられて大量虐殺されていた。

南京からの下放青年たちのなかには、内モンゴルでの文化大革命に熱心に参加した者もいなかったわけではない。ある下放青年は次のように書いている(『難忘鄂爾多斯』)。

思想の単純な貧農・貧牧出身者の子弟や、出身と身分の良い人民公社の社員たちは、悪い階級の出身者に暴行を加えることで、自らの政治上の優越性を示していた。我々のように革命とは何かも知らずに、また、革命に憬《あこが》れる「革命の小青年」たちも、階級闘争の意識を高めようとして、まちがった模倣をしてしまった。

しかし、かれらの多くは、自身の出身の「悪さ」を自覚し、虐殺と批判闘争に加担しなかった。というのも、いくら「積極的に革命運動に身を投じ」ても、しょせんは「革命の隊伍」から除外された集団であることを自覚していたからである。たとえば、オトク旗モガイト人民公社の一四人の下放青年たちはすべて「出身が悪かった」ことを認識し、「内モンゴル人民革命党」の闘争会には消極的だった。

モンゴル人も、しばらくしてから、かれら南京の下放青年は都市部の革命の既得利益者から追い出されたグループであることを察知したのである。そして、察知したあとも、そっとしてあげていた。ある下放青年は次のように書いている（『難忘鄂爾多斯』）。

父は牛小屋に入れられた。生別死離の権利すら私になかった。私は心に深い傷を負いながら大草原に来たのである。モンゴル人牧畜民たちは純朴善良、豪快磊落な精神で私を受け入れた。かれらからすれば、私の額には「悪徳分子の子弟」の烙印もなく、かれらと同じような人間なのである。かれらと一緒にいる間、私は尻尾を巻いて暮らす必要はまったくなかった。

不本意ながらも真の民族自決の道を失い、社会主義多民族国家内の少数民族の地位を与えられたモンゴル人たちと、革命の陣営から「上山下郷」という美辞麗句で追放された知識青年たちと、異なる歴史を背負った二つのマイノリティが特殊な時代に出会ったのである。そこで、「同病相哀」のような、歴史上に見られなかった、まったく新しいモンゴル・漢の民族関係が、一時的に形成されたのだった。

一九一一年に清朝が崩壊したあと、内モンゴルのモンゴル人たちもモンゴル高原の仲間たちと合流し、モンゴル人の国家を創ろうとした。紆余曲折をへて、かれらは結局、中国に留まらざるを得なくなった。そのためだけではなかろうが、モンゴル人は、どうしても中国人が好きになれない、と誰もが考えている。

鍬や鋤を担ぎ、物乞いの茶碗をもってモンゴル草原に入っては、処女地を根こそぎ開墾して沙漠化をもたらす陝西省と山西省、それに河北省のような、南モンゴルと歴史的に長く接触してきた地域の中国人農民とちがい、南京の下放青年＝「知識青年」たちとモンゴル人の間には根本的な利益衝突はなかった。かれらは都市部から、「知識」を持ってきた人々だと理解されていた。「知識」あるゆえに、かれらも本気でモンゴル語を学び、上達した。歴史上、知識青年たちほどモンゴル語をうまく話せた中国人はいなかったにちがいない。

「知識青年は、唯一、モンゴル人が好きになった中国人たちだ」

と草原のモンゴル人たちは今でもそう語る。

第3章

中国内地の「天国」と地獄

「広々とした天地で赤い心を鍛えよう」と下放青年たちを謳歌したポスター．背後の塔は，「革命の聖地」延安のシンボルである

一九七〇年八月三日の南京市。

手錠をかけられた一人の青年を前にして、公安と検察、それに人民解放軍軍事管制委員会からなる権力機関が判決書を読み上げた。

「死刑判決を懲役一〇年に改める」

との内容だった。その前の六月六日、彼は同じ委員会から死刑を言い渡されていただけでなく、三月二一日から三回も他の死刑囚たちの執行に同行させられた。一列に並ばされた犯人たちに向け、人民解放軍の兵士が射撃する。誰が撃たれるかわからない雰囲気を作って、逮捕者と観衆の人民を威嚇する中国共産党流の統治方法である。

1 歓迎されなかった下放青年

『知識青年の歌』

青年の名は任毅《にんき》、別名を任安国という。南京市第八中学を卒業した後、一九六八年一二月から江蘇省江浦《こうほ》県に下放されていた。すべての青年たちと同じように、任毅もまた「知識青年は貧しい農民からの再教育を受ける必要がある」との毛沢東の指示を固く信じていた。しかし、実際に農村に入ってみると、自分たち都会からの青年を農民はまったく歓迎していない事実に気づいた（**写真3-1**）。農村では、労働力が足りなくて青年たちの働きを期待するということもなかったし、他所からやってきた他人に提供できる食料も余っていなかった。その上、青年たちが住む家を建てようとした際も、建築材料を減らし、粗末な小屋を作って渡されただけだった。

農村での厳しい現実を目の当たりにして、任毅は一九六九年夏から、「貧しい農民からの再教育と、農民そのものの再教育、両方が必要だ」と公言するようになった。「貧しい農民からの再教育と、農民そのものの再教育、両方が必要だ」との言葉は、どちらも毛沢東が異なる時期に発表した「最高の指示」だが、文革中は「農民そのものの再教育が必要だ」との表現はやはり、禁句となっていた。知識人や学生は政治的な地位が低く、無学の農民と労働者階級こそが革命を推進し、共産主義社会を創出する原動力だと宣伝されていたからだ。実際、毛沢東は北京の大学に労働者たちを入れて、紅衛兵（**写真3-2**）だった学生を農山村に追放した結果、任毅もまた山奥に追いやられていたのである。任毅は毛沢東の言葉を口にしたが、それでも社会主義に対して不満を抱いていると疑われる

写真3-1　文化大革命中の中国の教科書．政府は実態と乖離した，電気が通り，機械化の実現した「美しい農村」を宣伝していた

写真 3-2　北京の天安門広場に立つ南京の紅衛兵たち．やがて下放されていく

我が故郷、南京城が建つ

……

母親と別れて故郷を離れた瞬間

金色の学生時代は青春の彼方にすぎ去った

未来への道は難しく、長い

生活の足跡は辺鄙《へんぴ》な異郷に刻まれた

……

ようになった。

下放先の山奥で任毅は歌を作った。

上海から新疆ウイグル自治区に下放された青年たちの間で広がっていた『タリム盆地、わが第二の故郷』という歌の曲を改変し、新しい歌詞を創作した。

青々とした空を白い雲が漂う

美しい揚子江の畔に

哀愁に満ちたメロディーと前途への強い失望感に溢れた歌詞は、明らかに社会主義制度に対する反動となった。毛沢東の中国は「共産主義社会に通ずる黄金色の道を闊歩している真最中」だと謳歌されていたので、任毅の歌はまさにそれに対する反逆を唱えるものだった。

反逆精神は青年の心を刺激するだけでなく、文革の広がりと共に、共産党政府の政策や社会主義制度そのものへの疑問を引き起こす起爆剤ともなりうる。そのため、任毅の歌はあっという間に全国規模で流布されるようになり、下放青年たちが最も愛する歌となった。もちろん、公の場では歌えなかった。しかし、禁止されているからこそ、農民から歓迎されない現実と、厳しい農山村での窮乏生活に直面した時に、青年たちは任毅の歌を口ずさんだ。いつの間にか、任毅の歌は『知識青年の歌』と、すべての下放青年たちに認められるようになった。

共産党政府が任毅の創作した歌に神経をとがらせていたその時に、ソ連のモスクワ放送が一九六九年八月から頻繁に『知識青年の歌』を流すようになった。当時、中ソ対立はピークに達しており、双方とも国境地帯に一〇〇万人を超す大軍を配備して、一触即発の状態が続いていた。中国もソ連も、相手こそが「マルクス・レーニン主義を裏切った修正主義政策を進め、人民が貧困のどん底に陥っている」と非難し合い、自国の優越性を宣伝していた。そうしたなかで、「敵対放送」のモスクワから流れる『知識青年の歌』は、下放先で農民と共産党幹部から虐待されていた青年の心情を代弁する声となったのである。

中国政府は、「社会帝国主義にして修正主義国家ソ連」が『知識青年の歌』を悪用して、「反中国のキャンペーン」をおこなっている、と理解した。そして、「ソ連の代弁者」、すなわち『知識青年の歌』を創作し、流布させた人物は誰なのか、調べ出した。モスクワ放送を聞いた親友の一人も逮捕され、まもなく恐怖のあまり南京市刑務所内で死んでしまった。

一九六九年一〇月のある日、任毅は荷物をまとめてカバンに入れ、南京市娃娃橋《ワーワーチョー》にある刑務所の門を叩いた。

「『知識青年の歌』を作った者です。任毅といいます」

と彼は自首した。

時の中国は「厳打《げんだ》政策」を実施していた。「厳打」とは、「犯罪者に厳しい打撃を与える」との、厳罰政策の略語である。法治国家ではない中国は時々、治安が悪化したり、政権に批判的な人物が増えたりすると、政府が「犯罪者」と見なす人物たちを逮捕して瞬時に処刑する措置を取る。「厳打」もそうした措置の一つである。任毅は死刑判決を受けたものの、ただちに執行されることはなく、三回も他人の処刑に同行させられたのである。その都度、彼は殺される以上の恐怖を体験しなければならなかった。

一九七九年二月、任毅は「名誉回復」され、釈放された。かつての恋人はすでに他人と結婚していたが、それでも彼を迎える会合に姿を現した。

「『知識青年の歌』が伝播してしまい、下放青年全体が覚醒するのを政府は恐れていた」

と、任毅は後日に回想している。前章で述べたモンゴルのオルドス高原に下放された南京の青年たちとまったく異なる運命を、中国内地の江蘇省に放逐された青年任毅たちは経験したのである。

習近平の下放

私の手元に一冊の本がある。中国政府の権威ある国営の出版社、中共中央共産党校出版社から出た『習近平の七年の下放青年歳月』である。習氏と共に下放されていた元下放青年や、受け入れ先の陝西省延川県(地図2)の農民たち計二三名の証言を中共中央共産党校が集めて編集した本である。同書によると、一九六九年一月一三日、当時まだ一六歳未満の習近平を含む、北京市「八一学校」の青少年二十数名が黄土高原と称される陝西省へと列車に乗って出発した。ほぼ全員が高級幹部の子弟である。

習近平の場合、その父親の習仲勲《しゅうちゅうくん》は中華人民共和国の国務院副総理だったが、すでに一九六二年九月一九日あたりから失脚していた。ことの発端は小説『劉子丹《りゅうしたん》』だった。この小説は、李建《り》彤《とう》という女性が書いたものである。李建彤の夫は、小説の主人公、劉子丹という男の弟にあたる。小説は、習仲勲の許可と賛同を得て、書かれたものとされている。

問題は小説の主人公、劉子丹である。

劉子丹は中国北部の陝西省共産党の創始者の一人で、習仲勲はその部下だった。一九三五年秋に毛沢東の率いる共産党紅軍が、国民政府軍の掃討から長逃して陝西省北部の延安に落ちてきた時、劉子丹ら北方出身者らは南方からの共産党員たちを熱烈歓迎した。ところが、毛沢東は自らの権威を確立するために、地元で抜群の人気を誇る劉子丹を暗殺して、怒濤のような粛清を割拠地で進めた。習仲勳はいわば、その粛清を運よくくぐりぬけた一人で、毛沢東への絶対的な忠誠が求められた生き残りなのだ。劉子丹の歴史は、中国共産党の最大のタブーの一つだったにもかかわらず、習仲勳はそれを小説の形で公開するのを許可したことで、毛沢東の逆鱗に触れたのである。

習仲勳は北京から河南省の洛陽に追放され、文革が始まった翌年の一月には陝西省の省都西安市に連行されて、批判闘争大会に立たされ、暴力を受けていた。一〇月になると、今度は河南省から陝西省北部の故郷に連れていかれて、連日連夜にわたって、虐待を受けなければならなくなった。少年習近平は、いわばこのような情景のなかで、黄土高原に追放されたのである。この間の経緯については、彼が中国の最高指導者になってから出版された父親の伝記、『習仲勳伝』(上巻二〇〇八、下巻二〇一三)に詳しく述べられている。

「建国して二〇年も経つのに、まだこんなに貧しい地域があるのか」

と、習近平と共に下放された青年たちはそのような心情を抱きながら、陝西省北部に入っていった。父親が毛沢東によって打倒されたからこそ、地元の農民たちは習近平を暖かく迎え入れた。これも一種の抵抗だと言っていい。毛沢東をボスとする南方出身の共産党指導者たちに対する反感と抵抗である。かれらは陝西省北部を「革命の根拠地」として利用し、国民政府軍が日本軍と死闘を繰り広げていた時も静養し、アヘンを栽培し、密輸して資金をためていた。日中戦争が終わると、黄土高原から出撃し、疲弊しきっていた国民政府軍に不義の一撃を加えて政権を勝ち取った。

中華人民共和国の建国後も、毛沢東らはそれまでの「根拠地」を完全に忘れて北京で優雅な生活を送るようになっただけでなく、陝西省北部出身者が小説の形で過去を回顧することも許さなかった。陝西省の農民は、中国革命が「成功」しても、あいかわらず極貧の生活から離脱することはできなかった。そのため、かれらは毛沢東が追放した習仲勲の息子、習近平を暖かく迎え、大事に守り通したのである。付言しておくが、今日の習近平は苛烈な「反腐敗闘争」を展開して政敵を打倒しているが、その大半が中国南方出身者である事実を見ると、私には彼が陝西省北部出身者のために復讐しているように見えてしかたない。

極貧の生活から飛躍できない世代

下放先の農民と地元の有力者たちに守られた習近平は、順調に出世コースを歩み、ついに中国の最高指導者の座に就いた。しかし、ほとんどの下放青年たちは彼と異なる運命を辿った。私の手元にある『過ぎ去った青春——一〇〇人の下放青年の運命』(黒明『走過青春——一〇〇名知青的命運写照』二〇〇六)という写真集が、陝西省北部に下放されていた青年たちの過酷な一生を記録している。そのうちの二人のライフヒストリーを簡単に紹介しておこう。

中華人民共和国が成立した一九四九年に生まれた趙《ちょう》純慧《じゅんけい》は、北京市第九九中学の優秀な生徒だった。歌と踊りも上手で、エンジニアの父親に愛される、幸せな家庭に暮らしていた。文革が始まると、父親は「反革命分子」として逮捕投獄され、まもなく母親も狂った。残された兄弟姉妹六人の面倒を趙純慧が見ていたが、そこへ政府の幹部が何回も訪れて執拗に下放を勧めた。一九六九年、彼女は数千名もの青年たちと共に「東方紅」という列車に詰め込まれて、一路、陝西省北部へと運ばれた（**写真3-3**）。このように、北京市の青年も、第1章で述べた曲折のように、自ら進んで内モンゴル自治区に赴いた者もいれば、政府の動員により、半ば強制的に駆り立

写真3-3　下放される前に天安門巡礼を果たす女性

てられた者もいたのである。

下放先の宜川県に着いた翌年、彼女もまた精神病を患ってしまった。人民公社の幹部は彼女を村の身体障害者の農民と結婚させた。その後、彼女は三男一女をもうけたが、極貧の生活から離脱できなかった。一九九五年二月に下放青年の仲間たちが見舞いに行った際、彼女の夫は次のように話し、悲しみに暮れていた。

「私たちに最も必要なのは、横穴式の住居だ。今住んでいる横穴も他人のもので、数日のうちに出ていくよう大家に言われている」

と助けを求めていた。

もう一人、張順蘭《ちょうじゅんらん》は北京市第七八中学の卒業生だった。彼女は七人兄弟の家庭に生まれ、父親は労働者だったので、早く独立して暮らそうとの思いで下放を志望した。一九六九年一月七日に陝西省北部の延安県に配属され、横穴式の住居に入った。春になり、雨が降り出すと、横穴は崩れ、一緒に住んでいた六名の青年が生き埋めになった。幸い地元の農民に発見され、全員が掘り出された。その地元の農民がある下放青年の女性と恋に落ち、性的な関係を持った。しかし、そのことが政府に知られてしまい、農民は自殺に追い込まれた。当時は恋愛も、結婚前の性的関係も禁止されていたからである。

写真 3-4　中国が国内外に向けて宣伝していた「豊かな農村」．穀物の束に「豊」という字があり，魚とたまごも豊富である

下放先の延安では食料が極端に不足し、青年たちは力で食料を奪い合っていた（**写真 3-4**）。ある時、張順蘭は六日間も食べ物を与えられなかったので、しかたなく地元の農民と結婚した。ところが、一九七〇年代に入り、下放青年を都市にもどす政策が発表されると、彼女は例外だと言われた。地元の人と結婚した者には都市部に就職する権利が

ないとされた。一九七九年になってようやく、彼女は都市部で労働者になる権利を得た。労働者は農民より少しましで、現金収入があるからだ。一九九六年六月に仲間たちが彼女を訪ねた際、「政府から立ち退きを命じられているが、新しい家を建てる資金もない」、と途方に暮れていた。

中国農村の貧困と原因

すでに触れたように、陝西省北部は万里の長城を隔てて、モンゴル高原のオルドスと接している。オルドスは草原が広がり、多くの小河や湖が分布し、有史以来、ずっと遊牧民が豊かな暮らしを営んできた地である。長城の南側では一望千里の黄土高原が展開し、切り裂かれた深い溝と谷間が縦横に走る。ヒ素を含んでいるため水質が悪く、年間の降雨量も一〇〇ミリにも満たない。太古の昔の住民は少数のヤギを放牧して生計を立てていたが、中華の農耕文明が伝わり、農耕は家畜の放牧よりも優れているという思想が定着すると、現地の住民の暮らしも一変した。かれらはたとえ収穫が少なくても、雨の降らない黄土高原に種を撒いては実りを期待した。家族の一人がロバの背にバケツを乗せて、数十キロも離れた深い谷底へ水を汲みに行き、他の者は畑のなかのまばらな苗を見守る。一年中、慢性的な飢餓状態に包まれているので、人々はみな無力であるが、刺激を受けると、瞬間的に狂暴になる。名誉を重んじ、もてなしの文化を大事にするモンゴル人とは完全に異なる世界である。これは、私が小さい時から観察してきた隣人、陝西省北部の中国人の生き方である。

首都北京の青年たちにとって、極貧の黄土高原はまさに人間の魂を改造する流刑地であった。文革が勃発すると、紅衛兵たちは経験交流と称して全国各地を旅して回っていた。こうした経験は、かれらが中国社会の実態を理解するのに、大きなチャンスとなった。一九六七年一月一〇日、北京市第二師範学校の紅衛兵二五人が徒歩で河北省と山西省を通って、陝西省北部の延川県に入った。中国革命は成功し、社会主義が成立した結果、全国の人民は毎日幸せに暮らしている（**写真3-5**）、と固く信じていた一行である。

しかし、歩けば歩くほど、農民の凄惨な暮らしぶりが見えてきた。革命根拠地の延川県ではトウモロコシの粥が出され、塩や漬物すらなかった。農民の生活をつぶさに観察し、農民から学ぼうと決心していた青年たちはついに農民と衝突し、食べ物を奪い合う騒動にまで発展した。河北省石家荘師範大学の学生で、文革中に延安に行った青年は次のように語る（章徳寧・岳建『中国知青情恋報告』一九九八）。

写真3-5　農村で幸せな暮らしを送るとされる下放青年

山西省から黄河を渡って西へと陝西省に入ると、あの貧しさに驚かされた。延安はいちばんひどかった。農民はみな白い頭巾をかぶっている。その頭巾は、雑巾よりも汚れていた。一〇代の娘たちもぼろをまとい、見るに堪えなかった。私の心臓は瞬時に暗闇のどん底に陥れられた。延安は中国革命の根拠地ではなかったのか。どうして、中国人はこんなに惨めなのか。

ある子供が私の胸に飾っている毛沢東バッジがほしくて、丸一日かけて集めてきた薬草で交換しよう、とねだる。彼には薬草しかなかった。私はそれを聞いて、涙が止まらなかった。毛沢東バッジを外してその子に渡したら、その母親は話した。「触るのではない。大事に祀ろう」という。あの子の母親が毛沢東バッジを置いた場所はかつて、かまどの神様を祀ったところだった。毛主席も神だったのだ、と私は思ったが、中国の悲劇はまさにここにあるのではないか。

このように、青年たちは経験交流や下放先で覚醒していたのである。

下放青年の生活を記録している丁暁禾《ていぎょうか》は、その著書『塵劫《じんごう》——知青暢想曲』のなかで、北京市第三中学と豊盛中学の青年たちの延安県河荘坪人民公社での食生活について述べている。食べ盛りの青年たちはみな、腹一杯食べてから「革命のために労働」しようと決心していた。ところが、受け入れ先の地元の農民は朝と晩になると、青年たちに粟粥だけを出す。

「あなたは客人だから、先に食べて」

と農民は勧める。純粋な青年たちは何も知らずに粥の上辺のさらさらした部分をすくって飲む。すると、残ったご飯を農民たちは我先にと食べた。

「客だからお先にどうぞ、と私たちをだまして粥の水の部分を先に飲ませてから、自分たちで濃い部分、すなわちご飯を食べていた」

と、丁暁禾は中国人農民のレトリックを暴露する。

貧しい中国人農民の生活戦略であるが、この記録は、内モンゴル自治区オルドスの中国人社会で下放されていた、南京市からの青年、史貴清の証言と一致する。前章で述べたように、史貴清たちも中国人農民から食事の面で差別されていたので、抗議活動をし、最終的にモンゴル人の家庭に移っていったのである。モンゴル人はいちばんいい食事を下放青年たちに提供していたのである。オルドスの中国人も陝西省北部から侵入してきた人々である。

2　抑圧のなかの性と生

性的抑圧と恋愛小説

陝西省北部だけではない。

東北の黒龍江省の北大荒に下放されていた北京や上海からの青年たちもまた、飢餓状態に置かれていた。それでも、毎日のように農作業に駆り出された。病人にだけ、お腹が一杯になれる食事が配給されていたので、下放青年たちは順番で「病人」となり、月に一度か二度、満腹感を体験して、生き残る戦略を立てていた（石肖岩『北大荒風雲録』一九九〇）。

下放青年たちが中国の農村でどんな異文化を経験し、何を悩んできたかを見てみよう。まずはトイレである。大都市の北京や上海のトイレ事情も一九六〇年代は決して評価できる設備ではなかったものの、一応、屋根のある固定建築内にあった。しかし、農山村ではそうではなかった。ある青年は次のように回想する。

農村ではトイレという存在はなく、豚小屋で済ますのが一般的だった。毎回、豚と悪戦苦闘し、尻が噛まれることもあった。雨が降った日には、泥と豚の糞尿が混じった沼地に陥没してしまい、歩けなくなったこともあるという。

トイレだけでなく、排泄に関連する農村の古い文化もまた下放青年たちを困惑させた。以下はある女性の回顧である（自由兄弟『中国知青半個世紀的血涙史』二〇一五）。

ある黎明時のこと。私はいつものようにズボンを下ろして苦労していると、一〇メートル先に一人の男が堆肥の籠を手に持って、立っているではないか。彼は私が握っていた紙をじっと見ている。

「血を拭いた紙をくれ」という。

私は一瞬、頭のなかの脳みそまで凍りついた感じに襲われた。しゃがんだまま立てなくなり、時間も、すべても止まったままだった。その後、別の人から聞かされた。処女の血が付いた紙を燃やして、水に溶かして飲めば、肺結核が治る、と農民たちは信じているそうだ。

農村地帯の前近代的な風俗習慣が、都会からの知識青年たちを悩ませていた。それだけではない。下放先では、恋愛は固く禁止されていた。

一九七二年春、黒龍江省の北大荒に駐屯していた第二三生産建設兵団で一人の北京からの下放青年が処刑された。生産建設兵団とは、軍隊風に組織された、下放青年や退役軍人からなる屯田兵である（第5章参照）。彼は、恋愛禁止のタブーを破って、同じ兵団に属する上海からの女性と恋に落ちたのである。生産建設兵団の幹部たちに尋問され、何回も屈辱的なことを聞かれるので、彼はついにソ連側へ逃亡した。しかし、ソ連側は彼の逃亡理由をまったく信用せず、ただちに強制送還した。

瀋陽市の刑務所に入れられた青年は、どうしても母親に会いたかった。彼は刑務所から脱走して北京で母親に会おうとしていた矢先にふたたび逮捕され、「祖国を裏切った罪」で処刑された。「恥ずかしいので、恋愛のくわしいことを聞かないでくれ。母さんに会いたい」と処刑される前に、彼は泣いていた（『北大荒風雲録』）。

一九七六年に中学校に進学した私は、勉強よりも『二回目の握手』という小説に夢中になっていた。出版したばかりの小説を手に入れようとして、人民公社の売店に徹夜で並んだことがある。

もっとも、並んでいたのは二人だけで、早朝に開店しても、『二回目の握手』は手に入らなかった。とっくに人民公社の幹部に買われていた。私はしかたなく、手書きの写本を読んでいたのである。

この『二回目の握手』は下放青年たちに愛され、中国全土でひそかに流布していた恋愛小説である。恋愛行為が禁止されると、人々は自然に文学作品に情熱を注いで忍耐しようとする。ところが、その文学作品もまた恋愛や性的描写を帯びたものは、すべて発行禁止となっていた時代である。

『二回目の握手』は張揚《ちょうよう》という、一九四四年に河南省で生まれた人物が創作したものである。父親は抗日戦争に身を投じて死去したので、一九歳で張揚を生んだ母親は南京の叔父の家に身を寄せていた。知識人の家庭で育った張揚は、三人の大学生の三角関係を小説の題材とした。そのうちの一人の女性はアメリカに渡り、科学者となる。中国に残った二人の男女は結婚するが、社会主義の政治運動に翻弄されて過酷な生涯を送る。

一九七二年に中米関係が好転し、アメリカに行っていた女性が帰ってくるが、その若々しい姿は中国に残って、皺だらけの顔に激変してしまった二人とは対照的だった。露骨な性的描写は一切なく、ただ単に相手を思い慕う激烈な情念が織り込まれていたので、よけいに下放青年たちに愛された。青年たちもまた性的な抑圧を経験していたからである。性について語ることも、体験することも、すべて厳禁とされていたのだ。結婚も、共産党の幹部たちの許可を得て、毛沢東の肖像画に向かって忠誠を尽くしてからおこなっていた。ベッドインする際も、「革命のために子孫を残そう」と誓い合ってから励んでいた時代である。

性的な抑圧を受けていた青年たちは、張揚の小説や『ボヴァリー夫人』などをひそかに書き写しては広げた。『二回目の握手』は著者が抵抗のために創作したものであるが、『ボヴァリー夫人』は紅衛兵たちが「腐敗したブルジョアジーの作品」として没収してきたものである。皮肉なことに、その「ブルジョアジーの作品」が下放先の癒しとなっていたのである。

張揚は「反革命の小説」を書いたことで合計六年間もの歳月を共産党の刑務所で送り、一九七九年に「名誉回復」された（劉小萌『中国知青史』）。私が彼の小説を愛読していた頃は、まだ刑務所内に閉じ込められていたのである。

権力構造のなかのレイプ

性に飢えていた下放青年たちは小説を読んで自己を慰撫していたが、女性たちは農山村の共産党幹部や有力者たちの餌食にされた。農山村で労働力は不足していなかったが、深刻な嫁不足に悩まされていた。そこへ、都会生まれの洗練された若い女性が「農民からの再教育を受けなければならない」との政策で流されてくると、地元の男たちは大喜びした。

一九六九年夏のある日。

陝西省の秦嶺山中の鳳州坪に下放されていた一八歳の鄧翠玲《とうすいれい》は農作業に従事させられ、疲れ切って大木の下で寝込んでしまった。他の青年たちはみな生産大隊の本部にもどって食事していたが、彼女には歩く力もなくなっていた。そこへ生産大隊長が現れ、彼女をレイプした。彼女は懸命に抵抗し、抗議したが、逆に「お前は反革命分子の子だ。犬っこの身分を忘れるな」と言われた。あの時代、「出身の悪い反革命分子」の子弟は何をされても、訴えるところはなかったのである(『中国知青情恋報告』)。

四川省の重慶市第二中学から大巴山中の巴中県に下放されていた一八名の青年たちもまた、過酷な日々を送っていた。かれらは全員、「黒五類」すなわち「地主、富農、反革命分子、悪質分子、右派」の子弟たちだった。一同のなかで最も若かった女子の名は白玫《はくばい》で、彼女の父親は一歳の時に台湾に移っていった。父親は国民政府軍の将校だった。身長一六〇センチで色白の白玫は、眉間に知的な雰囲気を漂わせた少女だった。父親が「反動的な国民党の軍官」とされたが、彼女にはその父親の記憶がまったくなかった。下放先の山奥で、彼女は誰よりも一所懸命に労働し、「自分自身を改造して社会主義の一員になろう」と努力した。

一九七三年春になり、下放青年たちも労働者に採用されたり、あるいは大学と専門学校に進学したりして、都市部に帰っていった。白玫も工場の採用試験に受かったが、その都度、「家庭の出身が悪い」ことで山村に残された。一緒に下放されていた最初の恋人も大学に受かり、彼女に別れを告げて出て行った。

下放先の民兵隊長は地元の有力者だった。彼は村のなかの地主とされた「黒五類」の一六歳の娘を繰り返し強姦していた。それを見て白玫は強く抗議したが、逆に恨みを買ってしまった。まもなく、民兵隊長と国営組合の主任が結託して白玫をレイプする。数日後、その国営組合の主任が急死するが、民兵隊長は白玫が彼を毒殺した、と誣告《ぶこく》した。

秋のある日、県政府は白玫に死刑判決を言い渡した。巴中県の県城近くを流れる川の畔で、彼女は人民政府の銃弾を浴びて倒れた。周りの農民たちは彼女の遺体に唾を吐き捨て、「毒婦の最期だ」と罵倒していた。県という人民政府の末端組織が、人民の命を粗末にしていた時代である。彼女は、下放先の幹部たちが、政治的に下層カーストに分類された「黒五類」の女性を凌辱しているのを批判したことで、自らも命の代償を払わされたのである(鄧鵬主編『無声的群落——大巴山老知青回憶録』二〇〇六)。

下放青年の女性たちが蹂躙されるという凄惨な実態について、およそすべての「知識青年」に関する著作に詳しい記述がある。だいたいどの本も、どの回想録もみな、下放青年たちが共産党の幹部たちにレイプされた事実について、一章を設けている。以下では、『中国知識青年の半世紀——血涙史(三)』が被害の実態についてくわしく報告をしているので、そのうちのいくつかを紹介しよう。

一九七三年のある日、黒龍江省の北大荒に駐屯していた第二生産建設兵団の黄硯田《こうけんでん》師団長は、彼が戦ったことのある、古い飛行場の滑走路に立たされていた。周りには無数の下放青年たちが彼の最期を見よう、と厳しい表情で見守っていた。黄師団長は日本軍と対峙したことがあるだけ

写真 3-6　毛語録を手にした南京出身の女性紅衛兵

でなく、朝鮮戦争にも参加した、数多い戦功を立てた「英雄」である。その彼が、自身の師団に下放されてきた女性を一〇〇人以上もレイプしたことで、死刑判決を受けたのである。

「革命のために功績を立てた」過去から、助命嘆願が部下たちから出されていたが、レイプされた女性たちのなかには、彼よりも階級が上の将校の娘も含まれており、死刑が確定した。もし、その一〇〇人もの女性のなかに高級将校の娘がおらず、全員が一般人だったら、彼も「革命のために生き続けた」だろう、と現地の下放青年たちは冷ややかな目で見ていた。

中国南部の海南島のゴム工場に広州市の青年たちが下放されていた。ゴム工場を管理していたのは人民解放軍系統の生産建設兵団で、そこの連隊長は一九六八年のある日、『毛沢東語録』を朗読しながら、張麗という女性をレイプした。『毛沢東語録』は、中国人民の日常生活の指針書だけでなく、人間の政治生命をも左右する、重要な書籍だと位置づけられていた（**写真3-6**）。共産党の幹部たちはその政治的な書籍を武器にして、無力な女性を侮辱していたのである。

下放青年の歴史について体系的な研究をしてきた劉小萌は、一つの重要なデータを公開している。東北の遼寧省と吉林省、四川省と安徽省の四省だけでも、一九六九年から一九七三年までの間に一万六〇〇〇件もの下放青年をレイプする事件が発生している。政府は厳罰政策で対応して、社会的な動揺を防ごうとした。たとえば、吉林省では一九七〇年六月から一九七二年六月までの二年間で、レイプ犯二二人を銃殺し、五〇八人を刑務所に送り込んだ。これらの犯人が引き起こした強姦事件は一八三九件に上る、という(『中国知青史——大潮』)。一九七三年四月二七日、周恩来総理が下放青年の待遇を改善する会議を招集し、レイプ犯を厳罰するとの通達を全国に配布した。

写真 3-7　下放青年たちが農民に導かれ，毛語録を手にして農山村へと向かった

下放青年の女子が農山村(**写真3-7**)の幹部にレイプされることは全国的に見られたという。フランスの研究者ミシェル・ボナンは、下放青年がレイプされる現象について、次のように指摘している(Michel Bonnin, 2004 *Génération Perdue*)。

巨大な農場において、共産党の幹部たちは何百人、何千人もの女性下放青年たちの運命を一手に握っていた。かれらは権力を使って女性たちを強姦したし、女性たちもまた訴えるところもなく、従わざるを得なかった。幹部たちが若い女性の初夜権を独占したことで、都市部に残っていた父母たちは大いに不満だった。

「下放された女性たちがレイプされ、乱暴に扱われるということは、彼女たちが共産党中央から見放されたことを意味している」

とミシェル・ボナンは分析している。

下放青年たちは二重に性的な抑圧を受けなければならなかった。かれらや彼女たちは下放先で恋愛することが厳しく禁止されていたことと、女性たちが下放先の有力者からレイプされること、という二重の抑圧である。

その抑圧から逃れようとして外国に逃亡したり、あるいは抵抗したりした者は容赦なく弾圧された。社会主義は、人民を封建的な制度から解放したと宣言すると同時に、新しい抑圧体制を敷いたのである。その抑圧は言論や集会の自由を奪っただけでなく、愛や性的な権利までを剝奪しようとしたものであった。

社会的な弱者

下放青年たちは農山村で、現地の農民とのさまざまなトラブルに巻き込まれ、暴力を受けて殺害されたのも、当時の社会問題だった。

青年たちを育んだ都市部の文化と農山村の伝統とのちがい、北京から東北へ、上海から新疆や雲南へと、あまりにも長い距離を長期間にわたって移動したことで異文化同士の衝突が激しさを増していた。一七世紀の清朝時代にこそ統一国家が現れたものの、中華人民共和国の一九六〇年代に入っても、各地の文化や宗教はまだ異質なまま残されていたのが、対立と衝突の背景である。

青年たちはその下放先では「よそ者」扱いされ、地元に何ら人間関係がなかったので、トラブルに巻き込まれると、いつも不利な立場に立たされていた。そのため、暴力事件で犠牲になるのは、常に下放青年たちだった。

一九六九年五月一五日、四川省成都市から西昌県に下放されていた青年たちは食べ物がなくなったので、地元の農民から借りようとした。地元の農民は食料を貸すどころか、総動員で青年たちを追い返そうとした。農民らは青年の一人を殺し、大勢にけがを負わせた。ほぼ同じ時期の四川省米易《べいい》県では、空腹に耐えられなくなった下放青年たちが農民のサトウキビを盗もうとした。「盗人」に気づいた農民たちは青年らを殺害して遺体を河のなかに沈めた。数日後、数千人もの青年たちが県城に集まって抗議したところ、政府はしかたなく首謀者を逮捕し、犠牲者に「烈士」の称号を与えて鎮静化させた。

青年たちが殺害されるような事件は全国規模で発生していたが、そのくわしい被害状況はまだ明らかになっていない。ただ、東北の黒龍江省だけでも、一九六八年から一九七二年の間に合計七七万人もの下放青年を受け入れていたが、その間の「非正常死亡者数」は九七八人で、そのなかに現地の農民に殺された者も多数、含まれていた（『中国知青史――大潮』）。

下放先で青年たちが中国人農民に殺される原因について、劉小萌は以下のように分析している。第一、青年たちのほとんどが未成年の時期にまったく異なる社会、異なる生活環境に流された結果、現地に適応する能力に欠けていた。

第二、現地の農民も外来の青年たちを敵視し、政府が宣伝するところの、「知識青年は偉大な領袖の毛主席が派遣してきた人々だ」という神話を信じようとしなかった。研究者の劉小萌はその大著のなかで、次のように嘆く。

まだ二〇歳にもならないで異郷で殺された若者も、他の人間と同じように母親の胎内で一〇カ月育まれてこの世に生まれた者だ。かれらも他の人間と同じように最後まで学校に通い、愛する家族と一緒にすごしたかったのに、見ず知らずの他人の土地に流刑にされ、殺害された。こんなにも軽く、粗末に扱われた命があるのか。

下放青年たちは全国規模で殺されたと書いたが、厳密にいうと、モンゴル人とウイグル人、それに雲南省の少数民族はそのような犯罪に手を染めていない。これは決して、私がモンゴル人だから、自民族中心主義の立場からそう語っているのではない。内モンゴル自治区や新疆ウイグル自治区に下放されていた青年たちに関するあらゆる記録と回想録のなかで、現地の少数民族から暴力を受けたという証言は皆無に近い。

事実はむしろ逆で、北京からの青年たちは内モンゴル自治区でモンゴル人を虐待していたのである。しかし、やがて、モンゴル人たちがどんなにひどい扱いを受けても、青年たちを差別せずに優しく接し続けている現実から、相思相愛の関係が構築された。私は大勢の北京や南京の下放青年たちにインタビューしたが、彼らはすべて都市部にもどってから、東北三省や四川省、それに広東省など中国人地域に下放された仲間たちの凄惨な実態を知ったのである。

「殺害やレイプなんて、信じられなかった」

「下放青年を受け入れた内モンゴルと他の省とでは、天国と地獄の差がある」

とみんなそのように証言する。

前章で紹介した南京からの青年梁麗蓉も、実家に帰省した時に他の地方に流された弟や仲間たちの過酷の経験を聞いて、「最初は作り話ではないかと思った」と私に語っていた。ついでに述べておくが、モンゴル人などの少数民族が下放青年に優しかったという事実を知っていたからこそ、私は遅々としてこの課題に取り組まなかった。なぜかというと、私もモンゴル人だから自民族を美化していると見られたくなかったのである。

なぜ過酷な人生を送らなければならなかったのか

ここまで下放青年たちがそれぞれの流刑地で受けた異なる体験について書いてきたが、今一度、なぜかれらはこのような不条理な運命を辿らなければならなかったかについて考えてみたい。この点について、紅衛兵運動を研究し、自らも一六歳の時に陝西省北部に下放されていた米鶴都《べいかくと》は以下のように分析している（『聚焦紅衛兵』二〇〇五）。

第一、一七〇〇万人もの青年たちを動員できる人物は「中国人民の偉大な領袖毛沢東」以外にいない（写真3–8）。毛が無学の若者たちに「知識青年」という美しい名称を与えて辺鄙な農山村へ追いやったのは、彼が誰よりも知識人が大嫌いだからである。毛からすれば、知識人は革命の主力になれない人々で、常に「思想を改造しなければならない集団」である。

第二、不信感を抱く知識青年の思想を改造できる勢力として、毛は無学の農民を選んだ。というのも、毛自身が農民の出身で、高等教育を受けていなかった。毛は明王朝の創始者である朱元璋《しゅげんしょう》に憧れ、政治の運用手法も洪武帝朱元璋を模倣している節がある。朱元璋にも学問はなかったものの、みごとに皇帝の座を射止めたので、毛のモデルとなったのである。

第三、毛沢東は新しい社会主義制度を中国に確立したものの、教育界は旧態然としてまだ古い知識人たちに牛耳られて、古いタイプの「知識青年」を量産していると彼には見えた。彼はその古い教育制度とその担い手たちを完全に破壊するために、教師ら知識人を粛清し、その子弟たちを農山村へと追放した。

第四、農民の出身だからこそ、毛沢東はまた農村と都市との格差についても把握し、そのちがいを解消しようとも目指していた。不信感を抱く知識人や「知識青年」たちの力で農村の後進的な一面、閉鎖的な制度を打破しようとの狙いもあった。

以上の四点はどれも毛沢東の理想主義的な政策に注目した分析である。

問題は、農山村には多数の青年たちを受け入れる財力はなかったし、農民に若者を再教育できる学力もまったくなかったことである。青年たちにとって、モンゴル人の草原以外の下放先の農山村は「この世の地獄」と映り、完全に無関係な二つの社会集団を無理矢理に結合させた結果、無数の悲劇が生まれたのである。

写真 3-8　毛沢東の肖像画の前に集まった南京の下放青年たち

私はこの米鶴都の観点に、さらにもう一つの要因がある、と付け加えたい。それは、毛沢東の目の前に横たわっていた二つの現実的な脅威も重要だったということである。一つはソ連が侵攻するのではないか、という軍事的な脅威と、もう一つは「造反有理」の旗印を掲げて都市部で暴力を展開する紅衛兵の厄介払いである。厄介な紅衛兵たちを屯田兵として、ソ連との国境地帯に近い内モンゴル自治区や新疆ウイグル自治区に下放すれば、まさに一石二鳥の効果が見込める。かくして、一七〇〇万人もの若者たちが全国各地へと流され、千差万別の運命を辿ったのである。以下、次章では屯田兵団に編入された下放青年たちについて述べる。

第4章

雲南のフロンティアとビルマ共産党ゲリラ

「インターナショナルは必ず実現する」との歌詞を創作しているウジェーヌ・ポティエを描いた中国のポスター．遠くにフランス革命時のバスティーユ牢獄が見える

「小武子《ショーウーズ》という仲間がいた。あいつはある日、忽然とオルドス高原から姿を消した。東南アジアのビルマに行って、反政府ゲリラに参加したのではないか、と私は今もそう思っている」

このように私に語り出したのは、肖豊《しょうほう》という南京の元下放青年である。

二〇〇六年三月一日に、私は南京市内のホテルで肖豊と語らい合っていた。モンゴル高原のオルドスから万里の長城を超えて、数千キロも離れたミャンマー(旧・ビルマ)に向かって黙々と行進する一人の青年の姿を私は想像した。

1 「チェ・ゲバラ行動」

「俺は復讐する」

小武子の本名は呉浩武《ごこうぶ》で、寡黙にして正義感の強い青年だったので、下放青年の間では「日本武士《リーベンウーシー》」や「小武士」などと呼ばれていた。彼は、ふだんから一九六〇年代に発生した中ソ国境紛争や、東南アジアの共産党系ゲリラの反政府闘争に強い関心を抱き、その「世界戦争の知識」を青年たちに熱っぽく語っていた。彼はノートに細かい紛争地域図をびっしり描き、どういうふうに歩けば、内モンゴル自治区から東南アジアに辿りつくかの計画を公然と練っていた。

オルドス高原オトク旗アルバス人民公社に下放されていた小武子に強烈な衝撃を与えたのは、モンゴル人大量虐殺事件である。毎朝、「民族分裂主義者の内モンゴル人民革命党員」として逮捕監禁されていたモンゴル人たちが整列し、ボロボロの服を着て沙漠のなかへ連れていかれて強制労働に従事させられる。集団で虐待されているモンゴル人たちを見て、「ここはソ連のシベリアのような流刑地だ」と彼は話していた。厳寒の地シベリアには、帝政ロシアの時代から無数の政治犯が流され、かの地の土と化していた。第二次世界大戦の終了後、ソ連に抑留された六一万人もの日本人もまた、シベリアで数万人もの犠牲者を出した。

暴虐され続けているモンゴル人を眺めながら、呉浩武こと小武子は自分の父親を思い出していた。彼の父親は国民政府軍の高級将校だったが、台湾に行かずに共産党に帰順したものの、決して重用されなかった。最初は南京軍事学院の教官となっていたが、文革開始早々に打倒され、刑務所に送られた。小武子がオルドスに下放される前に父親に会おうとしたが、それも認められなかった。自らの境遇を顧みながら、彼は下放先のモンゴル人の受難に深い同情を寄せると同時に、中国政府の政策にも疑問を感じていた。

「真の世界革命が必要だ」

「俺は復讐する。戦争を発動して復讐する」

と、一九七一年夏のある日、「過激な発言」を繰り返していた小武子は信頼できる「辺境の戦友」たちにそう告げてからオルドスを発った（**写真4-1**）。何に対して、どのようにして復讐しに

写真 4-1　「辺境の戦友」を名乗っていた南京の下放青年たち

行ったかは、永遠に謎のままである。

越境革命

一九六八年六月のある日。

旅塵を一身に浴び、鄔江河《うこうが》は長途の旅を終えて、中国とビルマの国境を流れる河に着いた。河の向こうはゴールデントライアングル（金三角、地図3参照）として知られている地で、ビルマ共産党（Communist Party of Burma. CPB）ゲリラの兵士が兵営のなかで赤旗を掲揚している姿が手に取るように見えた（**写真4－2**）。

「俺の戦場か」

と、まだ幼い顔には一瞬、見たことのない喜びが現れた。

彼はほこりだらけの学生服に身を包み、緑色の帆布のカバンを肩からぶら下げていた。カバンのなかには出版されたばかりの、まだインクの香りがする『チェ・ゲバラ日記』が入っていた。

「全世界の労働人民のバイブルで、現代の知識青年たちの『共産主義宣言』だ」

若者たちは中国政府がどこよりも先に出版した『チェ・ゲバラ日記』をこのように位置づけて、愛読していた。

鄔江河は雲南省昆明市の衛生学校の生徒で、「裸足の医者」(赤脚医生)として下放されていた。「裸足の医者」とは、ほんの少しだけ衛生知識を身に着けてから、農山村の医療活動に携わる者を指す言葉だ(写真4-3)。病院や医者が不足し、医療設備が極端に貧弱だった時代の応急措置であった。鄔江河は、速成の「裸足の医者」であっても、まだ一七歳になったばかりだった。彼は「裸足のまま」人民の健康を守るよりも、「世界革命」の実現と「毛沢東思想を東南アジアに輸出」するために、下放先から脱走し、ゴールデントライアングル周辺を拠点とするビルマ共産党ゲリラに加わった、最初の中国人下放青年である(鄧賢『中国知青終結』二〇〇三)。

写真4-2 青少年が愛読していた『国境戦士』(1976年)という絵本．西南辺境のジャングルを行く人民解放軍の兵士の姿が描かれている

境界の河を渡った鄔江河は颯爽と闊歩してゲリラの軍営に入っていった。渡された履歴書を記入し終えると、面接官に聞かれた。

「我々CPBの赤色ゲリラに参加する目的は?」

「世界革命を支援し、全人類を解放するためです」

「死は怖くないのか?」

「死を恐れる者は革命軍に参加しません」

鄔江河には自動小銃一丁と二〇〇発の弾、それにピカピカの軍服が配られた。

「俺は晴れて革命の戦士になった」

と少しずつ実感が湧いてきた。

ここから、ビルマの反政府ゲリラに下放青年たちが陸続と参入してくる。

ある研究によると、文革が勃発した一九六六年の時点で、ゴールデントライアングルで活動していた反政府ゲリラはたったの数千人だった。それが、一九六九年になると、一気に三万人に達し、最盛期には実に五万人を誇っていたが、新兵はほとんどが中国からの下放青年だった。そのうち、一九六九年五月から八月にかけての短い間だけでも、数千人もの下放青年が鄖江河のように越境していったのである。

下放青年の出自もさまざまだった。なかには、日本人女性と国民政府軍の将校との間で生まれた、一六歳の少年もいた。母親が日本人で、父親は「反動的な軍官」という家庭から生まれた子供は小さい時から差別を受ける。その差別から逃れ、真の平等な共産主義社会を実現させようとして、越境革命に参加したのである(『中国知青終結』)。

写真 4-3　文革中の「裸足の医者」. 手に薬草を持っている

毛沢東思想の輸出

一九六八年九月二四日。

ビルマ共産党の指導者タキン・タントゥンが自身の軍営内で部下に射殺された。一〇月一日の建国記念日がすぎてまもなく、軍服姿の毛沢東がタキン・タントゥンの後継者を身辺に立たせてカメラに収まった一枚の写真が中国共産党の機関紙『人民日報』の一面を飾った。この記事を目撃した下放青年たちは敏感に一つのメッセージを読み取った。「偉大な領袖毛主席」と中国政府は、ビルマ共産党を強く支持し、その武装闘争を支援している、という強烈なメッセージである。

都市部で暴力を振るっていた、高級幹部の子弟からなる老紅衛兵にしても、あるいは「出身階級が悪い黒五類」の一般人の子弟からなる造反派紅衛兵にしても、「知識青年」と称されて農山村に追放された後も、自分たちこそ「文革の嫡子」だと信じ込んでいた。親たちが「資本主義路線を歩む実権派」として打倒されても、「反動的な国民党旧軍人」であっても、自分たちは「再教育を受けて社会主義の一員」になったと確信していた。そして、「中国は世界革命の中心」である以上、自分たちにはその「革命思想を世界各国に輸出する」義務がある、と考えていた。中国国内で「革命の後継者」になれないならば、国外の革命軍を支援し、戦って政権を勝ち取るのは、自分たちの「輝かしい責務」だと認識していた。

中国政府も国際情勢を考慮しつつ行動した。

すでに触れたように、『チェ・ゲバラ日記』が一九六八年に出版された事実も、「世界革命を支援する」一環と見ていい。中国が編纂したチェ・ゲバラの日記は、彼がキューバを離れてボリビ

写真 4-4　世界人民の革命を支援しよう，と呼びかける中国のポスター

アで反政府運動を展開していた時期のもので、明らかに越境革命を大々的に擁護する姿勢を示したものである。

『チェ・ゲバラ日記』の出版は、特例中の特例で、その目的は「世界人民の革命への支援」にあった（**写真4-4**）。一方、「革命の輸出」は「毛沢東思想の輸出」を意味していた。一九六六年秋から翌年の夏にかけて、中国は『毛沢東語録』を「世界革命の指針書」として「全世界を真っ赤に染めよう」と企んだ。毛の著作を抜粋した語録は二四カ国語に翻訳され、一一七カ国に配布され、その発行部数は五〇億冊に達した。当時の世界人口は三十億余りだったので、平均して一人一・五冊を所持したことになる。聖書にも迫るほど毛語録を印刷した中国政府は「中国は世界革命のセンター」「世界の三分の一の人々はまだ解放されておらず、赤い太陽である毛主席の降臨を待ち望んでいる」と宣伝し輸出した。毛語録を配り歩く中国の外交官を追放する国も出るなど、外交的衝突が絶えなかった。

毛語録はビルマ共産党や東南アジアの左翼系ゲリラの聖典となり、「農村から都市を包囲して革命を成功させる」具体的な指南書の役割を果たしただけでなく、遠くアフリカのコンゴ（旧・

ザイール）や南米コロンビアのゲリラも北京に詣でて、直接政権転覆の指導を受けていた。

日本にも「革命の発動が必要」だ、と中国政府は見ていた。具体的には在日華僑の動員に全力投球しようと計画していた。一九六六年九月、中国共産党中央華僑事務委員会を主管していた廖《りょう》承志《しょうし》は次のように演説して各国メディアを驚愕させた。


世界にはわが国の同胞たち、すなわち華僑は二〇〇〇万人いる。ものすごい力だ。かれらを動員し、そのうちの一〇〇分の一がゲリラになってくれれば、我々は二〇万人の兵力を擁することになる。


廖は日本に生まれ育ち、一時は早稲田大学で学んだことのある秀才だ。

「現在、日本の山口県の人民たちも立ち上がって造反している。日本が動乱に陥れば、我々にとってはチャンスだ」

と、廖は扇動していた。

緑色の軍用カバンに『毛語録』と『チェ・ゲバラ日記』を入れて、越境してビルマ共産党のゲリラに加わっていく当時の下放青年たちは、自らの密出国を「チェ・ゲバラ行動」と呼んだ。ジャングルに入って「反革命軍」と戦い、そしてチェ・ゲバラのように死んでいくのが、最も「理想的な最期」だと信じていた。

2　ジャングル内の「世界革命」

ビルマ共産党

ビルマ共産党は一九三九年八月一五日に、ビルマ人民族主義者によって創設され、アウンサンとタキン・タントゥンらが指導者となっていた。ビルマに侵攻していた日本軍が一九四〇年代にラングーンから中国雲南省に通じる「蔣介石援助（援蔣）ルート」を断ち切ろうとした際に、アウンサンは親日的な姿勢を見せたとされている。アウンサンは、ビルマをイギリスの植民地支配から解放するには、日本軍の力が必要だと理解していた。一方のタキン・タントゥンは一九一一年生まれで、ラングーンの中学教師を務めていた頃から共産主義思想に傾倒し、一時、抗日運動にも熱心に参加した。

日本が敗退した後の一九四六年に、ビルマ共産党は社会主義国家に向けて如何に移行すべきかで対立がはげしくなり、二派に分裂した。ビルマ人のグループと、少数民族からなる集団との二派である。ビルマ政府も社会主義国家を標榜していたが、共産党は武装闘争を続けた。

ビルマの北隣に中華人民共和国が樹立すると、毛沢東は中国系の人々も加わっていたタキン・タントゥン一派に武器を提供し、軍事顧問を派遣して支援を怠らなかった。反政府ゲリラは不利となり、中国側の雲南省に避難し、指導者たちはその都度北京に呼ばれて、中国政府の高官から直々に「革命闘争の秘訣」が伝授された。秘訣とは、「農村から都市を包囲し、最終的には全国規模で政権を奪い取る」、という中国革命の成功経験である。

中国が一九六〇年代初期からソ連とイデオロギーをめぐって対立するようになると、ビルマ共産党ゲリラ内部でも「親中国派」と「親ソ連派」が現れ、内部分裂は一層、進んだ。それでも、タキン・タントゥンは常に中国側に立った。

中国の文革が勃発すると、紅衛兵運動の影響は瞬時にビルマ側の共産党ゲリラ内部にも及んだ。何しろ、その指導者たちは北京に邸宅があり、中国政府の要人と繋がっていたからだ。タキン・タントゥンらは、内部の「親ソ連派」を「帝国主義や資本家の代表」として処刑した。中国共産党に習った、「党内闘争」の手法である。

政府軍の猛攻で次第にビルマ北東部に追いやられた時期に、タキン・タントゥンは部下に暗殺された。「犯人」は、数日前に彼が粛清した幹部の部下だった、と当時は国立ラングーン外国語学院で日本語を教えていた大野徹は伝えている（大野徹「ビルマ共産党の現状」一九六八）。

タキン・タントゥンの死去は、中国人下放青年たちの義憤を駆り立てた。「反革命のビルマ政府軍から同志の共産党ゲリラを守らなければならない」という「世界革命を実現させようとするインターナショナル精神」と、そのゲリラ内に元々中国系の人々が多数いたという、同胞意識が高まっていたのである。

「異国に咲く自由の花」

ビルマ国境に近い、雲南省徳宏地区は当時「辺境五県」からなり、ここに多数の下放青年が集まっていた。地元の雲南省だけでなく、北京と四川省からの下放青年も含まれていた。五つの県とは、潞西《ろせい》と瑞麗、盈江《えいこう》と隴川《ろうせん》、それに騰沖だった。地元の少数民族、ジンポー族は国境をまたいで往来し、かれらとビルマ側のカチン族とは同胞である。カチンとは「野蛮人」を意味していたが、後に山地民一般を指すように変わった。また、雲南省のワー族もビルマと中国を自由に行き来していた。

一九六九年春のある日、一人のジンポー族の青年が、ゲリラの真新しい軍服を着てビルマからもどり、『ビルマ共産党綱領』を持ち帰った。ゲリラの軍服は人民解放軍のものと同じで、下放青年たちの憧れの的だった。綱領は中国語で書かれ、以下のような内容だった(黄堯「緬共遊撃戦中的中国知青」一九八九)。

ビルマ共産党はマルクス・レーニン主義、毛沢東思想を指導的な思想とする。

……

わが党はレーニンの暴力革命論、より正確に言えば、毛沢東の人民戦争における「持久戦論」は世界における普遍的な真理であり、ビルマの実情にも合致する真理だ、と認識している。農村において根拠地を作って都市を包囲し、最終的には都市を解放するゲリラ戦を進める。ゲリラ戦こそ、敵を消滅し、自らを強くする、正しい道である。

この綱領が中国語で書かれていることは、ゲリラ部隊に多数の中国系の兵士が含まれていた事実を物語るだけでなく、新しい兵士のリクルートもまた中国人を想定していたことを示している。綱領を繰り返し読んだ雲南省昆明市第八中学の卒業生の汪泯《おうみん》と朝東《ちょうとう》らは、次第に興奮を抑えきれなくなった。「革命的軍人」や「革命的幹部」の家庭に生まれたかれらは直ちに行動し、越境革命を決心した。毛沢東思想を党の綱領としている以上、その軍隊に加入することは、人民解放軍に参加するのと同じだ、と思った。しかも、「革命が成功」した暁には、中国こそが「世界革命のセンター」であるという理念は現実となる、と信じて疑わなかった。

一九六九年五月一四日。

汪泯と朝東らが盈江から出発して、国境に近い潞西県西三台山邦という集落に着くと、ビルマを目指す一団はすでに三〇人以上に膨れ上がっていた。途中の農村に下放されていた青年たちが次から次へと加わり、雪だるま式に大きくなっていった。たまに反対側、すなわちビルマ側から雲南に入ってくるジンポー族やワー族の人と出会う。

「先に国境を越えた青年たちはすでに革命の軍営内で軍事訓練にいそしんでいる」

と、伝わってきた。

「中国の紅衛兵運動が進むべき正しい方向だ」

と青年たちはそう認識し、赤旗を高く掲げて前進を続けた。途中、休む度に『ビルマ共産党綱領』を取り出して読み合った。勐戛《もうかつ》地区の小石橋に到着した際には、五〇人の集団となっていた。一〇代後半の女子も十数人入り、自然とみんなに注目されるようになっていた。

国境を超える前に、青年たちは一通の手紙を残した。

親愛なる同士のみなさま

……

中国の未来は私たちのものである。世界の未来もまた私たちのものである。世界にはまだ三分の二の人民が過酷な環境のなかに置かれ、解放されていない現実を我々は忘れてはいけない。世界革命の責任は私たちの肩にかかっている。中国の紅衛兵運動はまだ終わっていない。紅衛兵は未曽有の潮流のように暗黒な世界の汚泥と濁流を一掃し、搾取と抑圧のない新世紀を作る。インターナショナルは必ず実現する。

私たちはこれから征途に就き、自らの鮮血で以て異国に咲く自由の花を育てる。白骨はどこにあろうと、地球を真っ赤に染めよう。私たちは決して赤旗に汚点をつけない、と誓う。

中国の紅衛兵万歳!

ここで、下放青年たちが紅衛兵と自称している点に注目する必要がある。

すでに述べたように、下放青年は主として都市部において、毛沢東の「造反有理」との呼びかけに応じて立ち上がった紅衛兵からなる。毛はかれらを使って政敵を一掃して、「新しい世界」を作ろうとした。青年たちは「真の自由」と「選挙による民主政権」、すなわちパリ・コミューンの実現を理想としていたので、やがてはかれら自身が毛にとって危険な存在となり、辺境地帯の農山村に追放されたのである。しかし、かれらは追放先から脱走し、国境を越えて「世界革命」を発動しようとした。かれらにとって、辺境はまさに世界へ飛躍するフロンティアとなったのである。

これだけ大きな団体が国境を超えていく行為を中国政府は阻止しなかった。いくら混乱していたとはいえ、当時の北京当局は「辺境に駐屯する人民解放軍は文化大革命運動に参加しない」との厳しい命令を出していたので、国境の警備は以前とさほど変わらなかった。中国政府は、ビルマ共産党ゲリラが戦いで不利となると、その都度、自国に避難させていた。青年たちが大挙して越境していくのもまた、ゲリラ部隊を支援する一環だと見て、黙認していたのだろう（**写真4-5**）。五月一七日の黎明時に、青年たちは国境線ぎりぎりのところの中国側で国旗に別れを告げる式をおこなった。

「命で以て人類の幸福を勝ち取る」
「血と汗で世界に真の自由を創出する」

などと、彼らは国旗に書き込んだ。そして、一同は『インターナショナル』を高らかに歌いな

写真 4-5　ビルマ共産党ゲリラ内の中国人下放青年たち．鄧賢『中国知青終結』より

から出発した。

起《た》て飢えたる者よ
今ぞ日は近し
醒めよ我が同胞《はらから》
暁《あかつき》は来ぬ
暴虐の鎖断つ日
旗は血に燃えて
海を隔てつ我等
腕《かいな》結びゆく
いざ闘わん

一八七一年にパリ・コミューンが鎮圧された時に、ウジェーヌ・ポティエが作詞した『インターナショナル』の歌詞である。それ以降、『インターナショナル』は世界各国の抑圧される人々の心情を代弁する歌となり、青年たちもまた自らをパリ・コミューンの戦士たちと重ねていただろう。ただ、かれらを抑圧していたのは他でもない「偉大な領袖」である毛沢東をはじめとする中国共産党だとはまだ、気づいていなかった。ここに、かれらの悲劇が隠されていたのである。

理想と現実

ビルマ共産党ゲリラの軍営内には中国人の同胞たちも多数いた。下放青年たちが驚いたのは、同胞たちは「知識青年」だけでなく、湖南省や四川省出身の農民が多かったことである。一九五〇年代初期に中国の内地から強制移住を命じられて、雲南省のゴムプラントで働いた人たちである。かれらもまた、さまざまな事情から工場を脱出して、異国の軍営の門をくぐったのである。兵士たちの誰が中国人で、誰がビルマ国籍かはわからなくなったし、そもそも国籍は意味を持たなくなっていた。

名前を聞かれて、履歴書を記入した際に、青年たちはかれらが関心を寄せていたことについて、ゲリラの指揮者たちに尋ねた。

「私たちはビルマ共産党員になれますか」

「もちろん、なれる」

「じゃあ、ビルマ共産党員になったら、そのまま中国共産党に入ったことになりますか」

ゲリラの軍官は沈黙し、首を縦に振らなかった。

下放青年たちの多くが「革命的な軍人や幹部」の家庭に生まれても、その父母はすでに打倒されて、「反革命分子」とされた者も多かった。あるいは、最初から「黒五類」という政治的な下層民に属す青年も大勢いた。かれらは、「出身は自分の意志で選べない」との宿命論を受け入れるしかなかったが、それでも共産党に憧れていた。共産党員になることで、自らの「犬っこ」の立場を逆転させたかった。いわば、「世界革命」を実現し、「まだ抑圧されている全世界の三分の二の人民を解放」すると同時に、自分たちをも「下層民」の枠から自由にしたかったのである。

実際、一九四〇年代にモスクワでソ連共産党に加わったことで、延安や北京に帰ってからそのまま中国共産党に横滑りできた高官たちがいた事実をかれらもまた知っていたのである。

もっと、現実的な人生設計をする青年もいた。

「ゲリラになった経歴は将来、年金の計算にカウントされますか」

「一度革命軍に参加したら退役はないので、ずっと金がもらえる」

と、軍官は言った。

中国人下放青年の加入でゲリラ部隊が増員できた頃に合わせるかのように、ビルマ政府軍もまた攻撃を強めた。やがて、下放青年たちのなかからも犠牲者が出るようになり、文字通り、異国の花に鮮血を注いだ。

激しい戦闘の後に政府軍の拠点や村落に入ると、青年たちは何よりも先に紙類を手に入れようと物色した。新聞紙でもなんでもよかった。紙類を仲間の女性たちに渡し、生理を処理するのに使う。男性は排泄の後処理に植物を用いた。現地のビルマ人兵士には植物の知識があり、柔らかく、繊維質の葉を使う。しかし、下放青年にはそのような知識がなく、有毒植物を臀部に当てたことで、下半身全体が腫れて重症となった者もいた。それでも、革命精神は衰えなかった。

敵より怖い内部粛清

ジャングルのなかの激戦と物資不足には耐えられたが、最大の恐怖は「内部粛清」である。戦いで敗退する度に、内部に敵に通ずる者がいるのではないかと疑われた。そして、指揮の不当や作戦の不一致も、「革命路線に反した行為」として、粛清される対象となった。

写真 **4-6** 毛沢東の肖像画を掲げ，敵を踏みつけながら行進する世界各国のゲリラたち

「内部粛清」とは、一種の暴力である。中国共産党も一九三〇年代に江蘇省内の割拠地にいた頃には繰り返し仲間を殺害していた。ある記録によると、実に一個軍団数万人に上る兵士が、その同志たちによって殺害されていた(陳歆耕『赤色悲劇』二〇〇五)。日本でも、一九六〇年代から七〇年代にかけて、学生運動に参加した過激派の一つ、「連合赤軍」と呼ばれるグループは山岳地帯で「総括」と称する暴力で仲間たちを粛清していた事実が広く知られている。ビルマ共産党ゲリラも中国共産党からそうした政治手法を学んだと言われている(**写真4-6**)。「いつ誰が逮捕され、その場で射殺されるかもわからず、戦々恐々とした毎日を送っていた」

と下放青年としてゲリラになった杜士元《としげん》は回想する。

杜士元はゴールデントライアングルに入ってまもなく、恋人の秦美翠《しんびすい》と結婚した。二人とも政府軍と勇敢に戦い、順調に昇進していった。杜士元はゲリラ部隊司令官の警護中隊の指導員に任命され、秦美翠は女子中隊の指揮官に抜擢された。「世界革命」を夢想する下放青年の目には、まさに「夫婦英雄」だと尊敬されていた。しかし、中国からの下放青年が昇進したことに対し、ゲリラ内のビルマ人たちは決して喜ばなかった。

一九七二年のある日、部隊が休憩していたところへ、本部の参謀長がビルマ人兵士たちを連れてきて、有無を言わせずに杜士元の警護兵、二一歳の張海《ちょうかい》を射殺し、夫婦を逮捕した。張海は昆明市第六中学から来た青年で、忠実な部下だった。杜士元の容疑は「指導部の参謀長官を暗殺する計画を練っていた」ことだった。実際は、ビルマ人(特に少数民族のカチン人)と中国人との対立が原因だった。中国人下放青年たちは、「全人類を解放するために来た」と豪語していたが、ビルマ人たちにとっては、眼前の勝利が現実的な目標だった。両者は戦略だけでなく、個々の作戦の面でも一致しなかったので、トラブルは後を絶たなかった。

杜士元はゲリラ司令部から「監禁一〇年」の刑を言い渡されて、閉じ込められた。彼は窓から見えた情景を次のように語った。


あたかも伝染病が猛威を振るうかのような雰囲気がゴールデントライアングルにあるゲリ

ラ部隊の基地を覆っていた。「反革命分子を闘争する大会」では、逮捕された者が巨木の枝に吊るされる。吊るされた者の下で、上半身を裸にした男女の紅衛兵たちが太鼓のリズムに合わせて歌い、踊る。まるで獲物を捕って帰ってきた狩猟民の古い儀式のようだ。

しばらくしてから、紅衛兵の一人が樹上から吊るした者の体に冷水を浴びせて、光る短刀を体内にぐさっと差し込む。数分もかからないうちに、皮が剝がされた。まるで服を脱がすかのようなスピードだ。一同は「万歳」「勝利」と叫んで狂乱に陥っていた。これは、悪夢ではなく、二〇世紀後半の人類の歴史の一幕だ。

杜士元は幸い、「樹上の供儀」にされなかった。

七年後、彼は釈放されて、雲南省に帰還した。下放青年を研究する鄧賢にこのように語った時、杜士元はすでに中国共産党員となり、雲南省昆明鉄路局主任のポストについていた（鄧賢『中国知青終結』）。ゲリラ部隊の内部粛清のやり方は、まさに文革中に紅衛兵たちが全国各地で行使していた暴力とまったく同じである。かれらは毛沢東思想を隣国に「輸出」しただけでなく、中国流の暴虐をもまた異国の「革命軍の基地」に持ち込んだのである。

革命のロマンス

雲南省から国境を越えて、ビルマ共産党軍のゲリラになった下放青年たちの間に一つの「革命の「ロマンス」が広く語られている。昆明市第一六中学からの下放青年、何華忠（か かちゅう）とランナー（蘭娜）の物語である。

「命を残忍非道に扱い、人々が相互に敵視し合っていた中国を離れた二人は、愛の力を信じていた。一九歳の二人は、一九六九年三月にビルマ共産党のゲリラに入った」と、下放青年たちの記憶は一致している（「緬共遊撃戦中的中国知青」、『中国知青情恋報告』）。

ある日の戦闘で、何華忠は頭を撃たれた（**写真4-7**）。本部の医者がやってきて、傷口に薬を塗ったが、白い脳漿が流れ出ていたので、「もう無理だ」と告げてから姿を消した。駆けつけたランナーは何華忠の血だらけの顔を拭きながら、頭部深くに撃ち込まれた弾を取り出すよう頼んだが、軍医にはそのような医術も器具もなかった。重症の場合、静かに死に向かわせるのが一般的で、いわば放置されるのも同然だった。何華忠もそのように誰にも手当されずに、蝿と蛆虫に食われながら死んでいく運命だったが、彼を救ったのは、恋人のランナーだった。

「彼を中国の勐古《もうこ》に運ぶ。じゃないと、ここでみんなと死ぬ」

とランナーは手投げ弾を持って、医者の胸倉をつかんで話した。

ゲリラの駐屯地から勐古まではまる二日間の行程である。すべてがジャングルで、途中、政府軍の封鎖地域を通過しなければならない。ランナーに脅迫された軍医は死を恐れたのか、それとも彼女の愛情に感動したのか、中国へ負傷者を運ぶのに同意した。カチン人の看護師一人を付け、ミィエン族の二人が担ぐ担架に何華忠を乗せて、五人は急いで出発した。

「華忠、聞いて！　絶対に生きるんだ！」

とランナーは一路、担架の上に横たわり、意識を失っていた恋人に語りかけた。夜、政府軍が支配する密林を通った際、カチン人の看護師は何回も何華忠の鼻に手を当てて、生きているかどうかを確かめようとした。もし死んでいたら、いつでも脱走しようと企んでいたらしい。

食べ物も飲み水もなかったので、カチン人の集落に入って休みたかったが、断られた。「死者の入村は縁起が悪い」、との信仰があったからだ。中国側に近づいた時、カチン人の看護師も、ミィエン族の担ぎ屋もいつのまにかいなくなった。ランナーは泣きながら、一人で恋人を背負って勐古に入った。

写真 4-7　武器を手にしたゲリラ部隊内の下放青年たち．鄧賢『中国知青終結』より

「勐古に設置されてあった人民解放軍第一〇八野戦病院で応急手当をしてから、その日のうちに二〇〇〇キロも離れた祖国の内地の病院に移された。七カ月後、何華忠は元気に退院した」

という「革命戦士の奇跡的生還」の物語である。

「下放青年のゲリラ兵士の革命的ロマンス」はこれで終わるが、当事者たちはそれ以上の真相について決して語ろうとしない。

そもそも人民解放軍の野戦病院がなぜビルマに近い勐古に置かれていたかである。それは、ただ単に負傷した下放青年の戦士たちを治療するためだけではなかったはずだ。共産党ゲリラは不利となると、部隊そのものがそのつど中国側に避難していたので、その受け皿の一つだったのではないか。ゲリラ部隊を勐古に留めておいて、その指導者たちを北京や昆明市に呼びつけては毛沢東思想を伝授していたので、飛行機で「祖国の内地」と行き来していたのであろう。「ゲリラ戦士の美しいロマンス」は、中国が進める「毛沢東思想の輸出」と「世界革命の戦略」のなかの一幕だったのであろう。

「新鮮な血液」

一九七五年をすぎたところから、ビルマ共産党ゲリラ部隊内の中国人下放青年たちは次第に姿を消していった。一部は帰国し、別の人たちはゴールデントライアングルを拠点とする麻薬栽培集団に加わっていった。麻薬栽培集団はまた、共産党によって中国領内から追放された国民政府軍とつながっていた。「反動派」の国民政府軍兵士たちはすでに年を取り始めていたので、百戦錬磨の下放青年たちを「新鮮な血液」だと呼んで、歓迎した。

中国側では、人民解放軍雲南省軍区が受け皿となって、帰国した青年たちの就職を斡旋したが、ビルマ側での経歴を年金や職歴に加算することはしなかった。当然、かれらの「戦功」を「革命的な事績」や「世界革命への貢献」だとも認めなかったし、異国の露と化した若者たちも、「烈士」だと認定することもなかったのである。

夢の破滅

一九六八年二月八日。

写真 4-8 北京の天安門広場で宣誓式をおこない，下放先へ出発しようとしている青年たち．両手に毛沢東の肖像画，あるいは林彪との写真を持っている．なお，林彪の顔に×印が付けられたのは 1971 年以降のことであろう．写真提供：郭兆英

五五名の紅衛兵たちが北京の天安門広場で毛沢東の肖像画に向かって宣誓式をおこなってから、颯爽として雲南省に向かう列車に乗り込んだ（**写真4-8**）。かれらこそ、首都北京から雲南省南部のシプサンパンナに入った最初の下放青年である。北京市第一三女子中学の張春栄《ちょうしゅんえい》と第二五中学の張勁輝《ちょうけいき》らがリーダーだった。毛の肖像画の前での宣誓式は、内モンゴル自治区の草原へ飛んだ「赤い鷹」、曲折が発明した下放の儀式であることは、前に述べた。「偉大な祖国の辺境を建設」し、「世界に革命を輸出

写真 4-9　天安門広場で抗議活動をおこなう雲南省からの下放青年たち．「我々を華国鋒主席と鄧小平副主席に会わせろ」との横断幕を掲げている．劉小萌『中国知青口述史』より

する」ための行動だった。雲南に行く前、青年たちはすでに一九六七年四月に現地に入って予備調査を進めていたし、その決意を強く支持していたのは、国務院総理の周恩来だった。

それから一〇年後の一九七八年一二月二七日の早朝、丁恵民をはじめとする二八名の下放青年たちがふたたび天安門広場に立ち並んだ（**写真4-9**）。

一〇年前とちがうのは、天安門の城楼に飾ってある肖像画の主人公である毛沢東はすでに中南海の書斎から姿を消し、「毛主席記念堂」という建物内のミイラと化していたことだ。青年たちは途中、さまざまな政治的な圧力を突破して、雲南省の下放先から陳情団としてやってきた。かれらは雲南省各地の農場に下放されていた五万人もの青年たちを代表して、一日も早く、故郷の北京や上海に帰還したい、との重責を背負ってきた人々である。「世界革命の夢」は頓挫し、下放先の過酷な生活と共産党幹部からの非道な扱いに青年たちは耐えられなくなっていたのである。陳情団のリーダー、丁恵民は二〇〇二年八月一日に次のように回想していた（『中国知青口述史』）。

私は上海に生まれたが、父親は一九五七年に反革命の「右派」とされ、一家全員が一九七一年に農村の実家へ追放された。姉は一九六九年に黒龍江生産建設兵団に行き、私も一九七〇年に雲南省へ下放するよう命じられた。一九七九年まで、私は雲南省で一〇年間暮らした。なぜ下放青年たちを代表して北京へ陳情に行ったかというと、もう我慢できなくなっていたからだ。

二つの事例を挙げよう。

一九七三年から翌年にかけて、農場の幹部たちは手あたり次第に女性の下放青年たちをレイプしていた。私が見るに見かねて抗議したら、逆に懲罰され、九日間もトイレから人糞を畑まで担ぐ仕事を強制された。私はついに腰を痛めて動けなくなった。

もう一つ。私がいた農場に章彬《しょうひん》という人事課長がいた。女性たちが都市部に帰りたいと彼に相談したところ、肉体関係を求められた。立場の弱い人は応じるしかなかった。私たちはみな、このような状況に置かれていたので、抗争して自分たちの運命を変えるしかなかった。

丁恵民の証言は事実で、傍証も多数ある。

たとえば、雲南省党委員会が一九七三年に実施した調査報告は、雲南生産建設兵団第二師団第二中隊の中隊長、張国亮《ちょうこくりょう》の実例を挙げている。政府の公文書によると、張国亮は一九七〇年から二年もの間、三人の女性の下放青年を繰り返しレイプし、一七人に猥褻行為をおこなったという。

彼の悪行はついに共産党中央まで報告され、「日本兵の鬼どもと同じではないか」、と国務院副総理の李先念《りせんねん》は憤慨したという。

中国政府は下放青年の恋愛を禁止しながらも、共産党の幹部たちが女性を性的に支配するのを見て見ぬふりをしてきた。下放青年の女性たちを独占し、自らの性的欲望を満足させようとした社会現象は、文革中の歪んだ禁欲政策がもたらした結果だ、と当事者たちは認識している（『中国知青史――大潮』）。

雲南省からの下放青年たちの陳情団に国務院副総理の王震《おうしん》らと国家農耕総局の指導者たちが接見し、北京や上海への帰還を黙認した。

それから一年経つと、雲南省に残った下放青年はたったの七〇名という惨憺たる状態となった。当時の中国政府は雲南の下放青年たちの抗争については、一切、報道しなかった。しかし、かれらが闘争して故郷に帰ったというニュースは瞬時に全国各地に伝わった。それに最も激しい形で呼応したのが、新疆ウイグル自治区の生産建設兵団内に組み込まれていた下放青年たちである。

第5章

新疆西部辺境の屯田兵

毛記録を手に,「上海」号列車に乗り込み,農山村へと向かう下放青年.中国のプロパガンダ・ポスター

万里の長城の南側に位置する中国は、誕生した時から周辺部の国家や民族と激しく対峙してきた。中原の政権を守ろうとして、歴代の王朝は農民を軍隊風に組織して国境地帯に送り込んで配備した。屯田兵である。屯田兵を辺境に配置したのは、国境防衛のためだけでなく、国内の余剰人口、それも前政権から受け継いだ膨大な軍隊とその家族からの脅威を解消する狙いもあった。こうした歴代の王朝の伝統を中華人民共和国の共産党員たちも当然、維持し発展させた。

1 生産建設兵団

新しい形で辺境の少数民族地域に配備した中国人の屯田兵に中国共産党は美しい名称を与え、生産建設兵団と呼んだ。

まず、社会主義を建設するという大義名分の下で、旧国民政府軍の兵士を共産党の人民解放軍が指導する、という再編をおこなった。国民政府軍の兵士と下級士官だけを残して、高級将校たちは全員、「反革命分子」として刑務所に送られた。

次に、旧国民政府軍の兵士だけでは足りないので、さらに極貧地域の無学の農民と囚人、それに売春婦たちを糾合して人員増強を図った。こうしたやり方には、共産党政権の中心地である中国内地からの厄介払いの目的も込められていた(写真**5-1**)。
しかし、辺境の少数民族にとっては、とんだ災害だった。暴力を嗜好する教養のない中国人の到来により、現地との紛争は以前よりも激しさを増していった。このような屯田兵のなかに、一九六八年から新たに下放青年たちも加わるようになった。

下放青年を大勢受け入れた一二の生産建設兵団の成立は以下のような歴史を辿る(史衛民・何嵐『知青備忘録——上山下郷運動中的生産建設兵団』一九九六、『塵劫』)。

写真 5-1 新疆生産建設兵団内の女性兵士たち．盧一萍『八千湘女上天山』より

① 新疆生産建設兵団

この生産建設兵団は一九五四年一二月五日に設置され、歴史的に最も古い。新疆に駐屯していた国民政府軍をベースに、甘粛省からの難民や囚人、山東省と上海からの売春婦が加わって、人員が大幅に補強された。合計八個の師団を擁し、総人員も二八万人からスタートしていた。この二八万人が、中華人民共和国が成立した当初の新疆ウイグル自治区の中国人人口である。現在、同自治区の中国人はすでに一〇〇〇万人に達し、八〇〇万人の先住

民ウイグル人を凌駕するようになったが、生産建設兵団はその母体だったことが分かる。

新疆生産建設兵団は一九六一年にはすでに八六万人に達していた。文革が勃発し、二年後の一九六八年から上海を中心とする下放青年たち約一三万人が加入すると、人員は一気に増えた。ある統計によると、一九七一年になると、同生産建設兵団の人口は三〇〇万人に達し、実にウイグル人人口の半分に相当していたという。しかも、新疆生産建設兵団は武器を携行していたので、いつでもウイグル人を威嚇できたのである。

② 黒龍江生産建設兵団

この兵団は一九六八年六月に新疆生産建設兵団をモデルにして設置されたものだが、退役した共産党の鉄道兵と国民政府軍兵士からなる農場はすでに一九五五年に現れていた。こちらは先住民のモンゴル人遊牧民を強制退去させてから作られたものである。アムール河と松花江、それにウスリー江が流れるモンゴル人の草原を、中国人は「北大荒」と呼んだ（地図1）。あたかも人間が誰も住んでいない大地に開拓民が入ったかのように宣伝して、移民を増やしていった。最初は二個師団で一万人だったが、成立したその年に北京と上海、それに天津からの下放青年を三万人も受け入れた。一九七五年まで、この兵団には計三九万人もの下放青年が編入されていた。こちらは主として上海と北京からの青年たちの受け皿となっていた。

③ 内モンゴル生産建設兵団

内モンゴル自治区は、一九四七年に誕生した、ソ連型の民族自治政府、「内モンゴル自治政府」

をベースにしており、中華人民共和国の樹立後に名称を変更している。中国の建国より二年も先に成立している少数民族の自治政府であるため、最初は中国の「大後方」と位置づけられていた。内モンゴル自治区は、社会主義国家のモンゴル人民共和国やソ連と国境を接し、アメリカや日本など資本主義国家と対峙する際の後方基地だった。中国は「アメリカ帝国主義」からの攻撃に備えて、沿海部にあった多くの軍事工場を内モンゴル自治区に移転し、各地に軍人工場や農場を相次いで作った。

ところが、一九六〇年代から中国とその「社会主義の兄貴」ソ連との関係が悪化すると、「後方基地」は逆に「前哨基地」に変わった。ソ連を「修正主義の社会帝国主義」と罵倒していたので、「反修基地」と呼ばれるようになった。中国はソ連を敵視していただけでなく、自治区のモンゴル人とその同胞の国、モンゴル人民共和国もまた「敵陣」と見なされた。一九四五年八月に、日本が草原から撤退した後に、南北のモンゴル人が一致団結して、統一されたモンゴル人の国家を創建しようとしていたからである。モンゴル人の民族統一運動を中国は「民族分裂主義運動」だと再解釈し、自治区の指導者をはじめ、何万人もの人々を虐殺した歴史については、すでに前に述べた。

内モンゴル生産建設兵団はまさに、自治区のモンゴル人指導者を粛清しようと準備していた一九六六年二月に、その設置委員会が設けられた（**写真5-2**）。兵団の司令部はモンゴル人民共和国に近い、シャラムレン河の畔、バヤンノール盟のボロトロガイに置かれていた。モンゴル人の指

写真 5-2　内モンゴル自治区で軍事訓練をおこなう南京からの下放青年たち．写真提供：周懐英

導者、自治区の主席兼党委員会書記、それに内モンゴル軍区司令官のウラーンフーが粛清され、大量虐殺の嵐がモンゴル人に襲いかかっていた一九六九年五月七日に、内モンゴル生産建設兵団は正式に成立した。最初は一万人前後だったが、三年間で北京と上海、それに自治区内の下放青年たちを一〇万人も受け入れた。一九七二年になると、すでに七万人の兵士を擁する軍団となった。私が一九八〇年代に北京で日本語を学んでいた際、三年生を教えていた教師の一人が内モンゴル生産建設兵団の元兵士だった。彼は、「反修正主義の前線」での苦難を乗り越えて北京にもどり、独学で日本語をマスターして「大平《おおひら》学校」に入った。「大平学校」とは、日中国交回復に尽力した外務大臣、大平正芳の名を取り、日本側の資金で北京外国語大学に設置した日本語教師育成スクールである。

④　蘭州軍区生産建設兵団

北京当局は一九六九年一月二一日に同兵団の設置を許可し、四月に正式に成立した。本部こそ蘭州にあるものの、その兵力は甘粛省とモンゴル人民共和国との国境地帯だけでなく、チベット人とモンゴル人が暮らす青海省、イスラーム教徒が多い寧夏回族自治区にも分散していた。言い換えれば、中国がチベットと青海を占領し、新疆へ進軍した際に人民解放軍を配置していた拠点を屯田農場に作り替えたものである。総兵力は当初四万人だったが、北京と天津から一万三〇〇〇人の下放青年を受け入れていた。

⑤ 雲南生産建設兵団

文革が発動されて三年後、一九六九年一〇月六日に同兵団は産声を上げた。タイやビルマ(現・ミャンマー)など東南アジアの資本主義諸国内に逃亡し、これらの国々を拠点とする国民政府軍の「反撃と浸透」を防ぐ目的で作られた。最初は八万人前後だったが、上海と四川省からの青年たちが下放されて加わると、一九七二年には三〇万人の兵士を擁するようになった。そのうち、下放青年だけで一〇万人以上に上っていた。この兵団内の下放青年たちは国境を越えて東南アジアに流入し、国民政府軍に参加した者もいれば、反政府ゲリラになった者もいる(前章参照)。以上の他、広州生産建設兵団(一九六八年八月一五日設置)、安徽生産建設兵団(一九六九年九月一七日成立)、江蘇省と福建省、浙江省と山東省、湖北省とチベット自治区にもそれぞれ作られていた。恐らく、中国の歴代王朝のなかでも、東西南北の全国境地帯にこれほどの屯田兵を体系的に配備したのは、前例のないことではないだろうか。

眼中になかったウイグル人

中国共産党が組織した生産建設兵団という屯田兵は、古くて新しい軍団だった。祖国を守ろう、

写真 5-3　生産活動に従事する生産建設兵団の兵士たち．儲安平・浦熙修『新疆新観察』より

異国と対峙しよう、現地のマイノリティを抑えようという点では古い伝統を維持したままだった。かれらが派遣された地は歴史的にずっとモンゴル人やウイグル人、それに東南アジア系の諸民族が住んできたところで、中国人は明らかに外来の入植者であった。それでも、かれらは自分たちの侵入は正しく、国土開拓だと固く信じ込んでいた。他者、すなわち現地の住民から歓迎されていなかったという事実に直面しようともしなかった。そもそも、進出先の先住民など、生産建設兵団の兵士たちの眼中になかったのである。

たとえば、趙光輝《ちょうこうき》という青年は『草原の夢』という本を書き、下放青年が見た新疆ウイグル自治区を描いている。

趙光輝がロマンを感じていたのは、一望無人のゴビ沙漠とそこに点在するウイグル人とカザフ人が一九四〇年代に築いた砲台だった。先輩の兵士から聞いたのも、如何にウイグル人とカザフ人の「匪賊」を殲滅したかの自慢話であって、なぜかれらが中国人の侵入に抵抗したかについてはまったく考えようとしなかった。

私は今までに新疆生産建設兵団に関する多数の資料を渉猟したが、そのなかに現地のウイグル人とカザフ人の歴史と文化に関心を示すようなものはほとんどない。ウイグル人やカザフ人と交流した、との記録もない。中国人の生産建設兵団の兵士が墨汁を注いでいるのはただ、自分たちが「無人の大地を緑のオアシスに変えていった開拓史」である(**写真5-3**)。しかし、そのオアシスは「無人」ではなく元々ウイグル人のもので、その草原も本来はモンゴル人とカザフ人遊牧民の放牧地だった事実を完全に無視している。無視しているというよりも、そもそも現地の諸民族のことは眼中になかったのである。

厳密にいえば、中国政府は現地の少数民族のモンゴル人とウイグル人たちを完全に強制移住させてから、文字通り「無人の大地」に下放青年たちを流した。先住民の少数民族も下放青年も、どちらも共産党政府の犠牲者で、両者とも悲しい日々を送らなければならなかった。

草原に消えたモンゴルの「星」

屯田兵という古い組織に中国政府は「新鮮な血液」を注入した。それは、現地出身のモンゴル人青年たちを生産建設兵団に大量に採用したことである。対ソ連と対モンゴル人民共和国との「前哨基地」にモンゴル人青年たちを立たせ、いざ、同胞の軍隊が攻めてきた時には民族同士で戦い、血で血を洗うように仕向けていたのである。では、内モンゴル生産建設兵団に編入されたモンゴル人青年たちはどんな運命を辿ったのだろうか。ここで、中国全土を震撼させた一つの事件を紹介し、モンゴル人屯田兵の結末について考えてみよう。

事件は一九七二年五月五日の午前一一時四〇分に、内モンゴル自治区中央部の西ウジムチン旗の草原で発生した。ここはかつて一九四五年までに徳王(ドムチョクドンロプ王、一九〇二〜六六)を指導者とするモンゴル自治邦の領土であり、日本軍の支配下に置かれていた地で、大勢の日本人が暮らしていたところでもある(ドムチョクドンロプ『徳王自伝』)。内モンゴル生産建設兵団が設置された後、第四三連隊第二中隊が草原に駐屯していた。

下放青年たちは天幕ゲルに泊まっていたが、モンゴル人遊牧民が一緒にいなかったので、草原で生活する知恵をほとんど持っていなかった。モンゴル草原の五月は春になったとはいえ、大地はまだ黄色い枯れ草に覆われ、緑はまばらだった。乾燥しきった季節において、火の取り扱いは何よりも大事なことだった。

しかし、中国人青年たちにそのような防火意識は希薄だった。楊樹生《ようじゅせい》と杜根村《とこんそん》という二人の青年が、まだ火種が残っていた灰を草原に捨てたところ、枯れ草は瞬時に燃え上がった。中隊長は消火を命じたものの、何の設備もなく、防火の知識もない青年たちは服を持って草を叩いたが、瞬く間に六九人が焼死した。犠牲者のなかに七人のモンゴル人が含まれていたので、その人生誌を見てみよう。

オドンという女性兵士は二一歳で焼死した。彼女は、自分の出身を隠して生産建設兵団に入っていた。隠さなければならなかった原因は、父親の履歴にあった。第1章で述べたように、オドンの父親も「民族分裂主義者の内モンゴル人民革命党員」とされて、文革開始早々に自由を失っていた。モンゴル人大量虐殺運動の最中に、オドンは他に行き場がない状況のなかで、身分を偽って生産建設兵団に申し込んだのである。

オドンの父の名はハスチョローと言い、「玉石」との意味である。モンゴル人の民族自決の夢を抱いて、満洲国軍官学校で学び、卒業した。いつかは民族の独立が実現すると信じていた矢先に日本が一九四五年八月に草原から撤退し、代わりに中国共産党軍が侵入してきた。モンゴル人にとって、日本も中国共産党も、どちらも侵略者だったので、「内モンゴルは日本と中国の二重の植民地だ」、と当時のエリートたちはそう認識していた(楊海英『日本陸軍とモンゴル』)。

ハスチョローは一九四六年から中国共産党と関わるようになり、一九五三年にその才能が認められて、新生中国の内モンゴル人民出版社の編集者になった。ところが、一九五七年になると、彼は「モンゴル人の権利を極端に主張した民族主義者」と因縁をつけられ、「反社会主義の右派分子」として粛清された。一家は自治区の首府フフホト市から追放され、国境地帯に近いダルハンムーミンガン旗で家畜の放牧を命じられた。モンゴルの広大な草原のなかで、オドンは父親ハスチョローについて家畜群を追いながら、当時は禁止されていた『モスクワ郊外の夕べ』や『カチューシャ』などロシア民謡を歌った。草原には中国人がいなかったので、自由に歌えたのである。

『草原の英雄小姉妹』の真実

中国では誰もが知っている「民族団結の美しい物語」が一つある。『草原の英雄小姉妹』で、

写真 5-4　絵本『草原の英雄小姉妹』の表紙

日本でもかつて一九七〇年代に日中友好団体が劇の形で上演したことのある話だ。人民公社の公有財産である家畜を放牧していたモンゴル人の少女二人が吹雪に襲われて凍死寸前になる。そこへ中国人の労働者が駆けつけて、姉妹を雪のなかから救い出した、というストーリーである。毛沢東思想の価値観では、労働者が先進的な階級で、遊牧民は後進的な民族だとランキングされていたので、「先進的で、文明人の中国人」が「後進的で、野蛮なモンゴル人」を命の危険から救い出して、両民族の団結を強めた、というフィクションである（**写真5-4**）。

中国人の労働者がモンゴル人の小姉妹を吹雪から救ったというのは真っ赤な嘘で、一九六四年二月一〇日にロンメイ（龍梅）とユールン（玉栄）という二人のモンゴル人少女を嵐のなかから救出したのはハスチョローだった。しかし、ハスチョローは「偽満洲国の旧軍官にして反動的な右派」だったので、その事績は社会主義の模範になれない。そこで、中国政府は彼の事績を完全に抹消して、存在しない中国人労働者を登場させて「中国人がモンゴル人を助けた」美談を捏造したのである（『墓標なき草原』上。老鬼『烈火中的青春――69位兵団烈士尋訪紀実』二〇〇九）。この美談は、オドン一家にとっては、新しい悲劇の到来を意味していた。

やがて文革が勃発すると、ハスチョローの経歴はふたたび問題視されて逮捕された。家族もジェリム盟のフレー旗に追放されることになったが、オドンだけが残り、フフホト市に住む従妹の家に身を寄せた。草原の火事が発生するその日の朝、彼女は弟に手紙を書き残していた。

「父さんのことを心配しています。……わが中隊は農業生産に携わっているが、みな銃を携行し、武装している。あなたはもう高校生になったので、しっかり勉強してください」

との文面だった(写真5-5)。

写真5-5　内モンゴル自治区の草原開墾に従事する女性兵士たち．著者蔵

彼女が亡くなった時、父親のハスチョローはまだ中国共産党の刑務所内に閉じ込められていた。一九七九年になってようやく解放されるが、娘に二度と会えなかった。オドンとは、「星」との意味である。草原の大火と共に消えてしまった、モンゴル人の若き星だった。

生産建設兵団の不条理

オドンは決して特別な存在ではなかった。もう一人、一九歳で火中に命を落としたチャリスは長身の美女だった。父親は内モンゴル自治区物資局の副局長で、母親はフフホト市第一四中学の校長だった。文革が始まると、両親はいちはやく「民族分裂主義者の内モンゴル人民革命党員」とされ、刑務所に送られた。兄はオルドス高原に、一五歳のチャリスはバヤンノール盟にそれぞれ下放を命じられたので、家には一三歳の弟と一〇歳の妹だけが残された。

「毎日のようにモンゴル人が殺されていたので、彼女は逃げるようにして生産建設兵団に入った」

と後日、親族は語る。一九七二年末に父親が刑務所からもどってきた時、娘のチャリスはすでに草原の土と化した後だった。

三人目を紹介しておこう。

彼女の名はリーティンで、父親は内モンゴル自治区衛生庁の副庁長イダガースレンだった。イダガースレンはジョーウダ盟ケシクテン旗の貴族で、チンギス・ハーンの直系子孫にあたる。中国共産党が一九四七年にジョーウダ盟に入ると、一家全員を処刑し、イダガースレンだけが中国政府に忠誠を尽くすと誓ったことで放免された。ところが、文革が発動されると、イダガースレンも逮捕され、毎日のように暴力を受けるようになった。イダガースレンの当時の夫人はリーティンにとっては継母だったため、家には居場所がなかった。しかたなく、一六歳のリーティンも一九六九年に生産建設兵団の門をくぐったが、三年後に草原の大火に命を奪われた。

このように、モンゴル人青少年たちはみな、しかたなく中国政府の生産建設兵団に入ったのである。父母や親族たちが大量虐殺され、行き場を失った状況のなかで、中国人主体の生産建設兵団を選んだ。編入された後はさらに同胞のモンゴル人民共和国と対峙する最前線に配備されたので、二重の悲劇である。不意の大火で命を奪われたモンゴル人と中国人青年たちの運命は、社会主義が組織した生産建設兵団の不条理の性質を物語っている。

先述のように一七〇〇万人もの都市部の若者に「知識青年」という美しい名称を与えて農山村や辺境へと追放したことで、大きな社会問題が生じていた。受け入れ先もみな、内モンゴル自治区のモンゴル人のように優しく、もてなしの精神で青年たちを身辺に置いていたわけではない。むしろ、逆だった。共産党の機関紙『人民日報』の出版社から出た『中国知識青年上山下郷運動始末《いきさつ》』も、当時は全国人民の間に「四大不満」が渦巻いていた、と指摘している。

第一、農民が不満だった。

中国農村は元々耕作地が少ない割に人口が多かった。中華人民共和国の成立後も状況は一向に改善されなかったので、都市部からの青少年に衣食住を提供する余力はなかった。「下放青年はただで自分たちの食べ物を消費している」、と農民から嫌われていた。

第二、下放青年本人たちとその家族が不満だった。

下放先において衣食住の問題が解決できないと、自然に都市部に残った家族に負担がかかる。中国政府の統計でも、青年の七割以上が下放先で飢え、野宿させられ、結婚もできないでいた。何しろ、政府は青年同士の恋愛や、現地人との結婚を実質上禁止していたからである。

第三、地方都市の企業と政府機関が不満だった。

一九七五年頃から政府は下放青年が大都市部に逆流するのを防ごうとして、地方都市での就職を優先する政策を出した。しかし、地方政府には多数の青年たちを就職させる余力がなかった。第四、中央政府も満足できなかった。

北京当局は一九七三年から毎年国家予算の一パーセントを占める、約八億元の経費を捻出して下放青年たちの困窮に当てるようにしていたが、改善効果が一向に見られなかったので、抜本的な見直しを迫られた。要するに、青年たちを下放する政策そのものが完全にまちがっていたのである。それでも、中国政府は下放青年の待遇を改善しようとしなかったので、彼らはついに辺境から造反を始めた。

2 辺境からの造反

自殺の衝撃

一九七二年一二月二九日。

内モンゴル自治区オルドス高原オトク旗に下放されていた南京からの青年たちは、元旦を迎える準備をしていた。チャブ人民公社バヤントロガイ生産大隊の青年たちは集まって餃子を作っていた（**写真5-6**）。

「賈余慶《かよけい》がいなくなった」

とある女子が突然気づいた。みんな慌てて草原に繰り出て探し回ったが、見つからなかったので、暗い雰囲気のなかで餃子を平らげた。

賈余慶は南京市第五中学から下放されてきた若者である。彼の父親賈長庚《かちょうこう》は第五中学の数学の教師だったが、「反動的な搾取階級の出身」だったことから、文革開始早々に打倒されていた。そのためか、賈余慶もすっかり寡黙な性格になり、下放先でも一人で静かに働くが、他人と積極的に交流することはしなかった。一九七一年から南京の青年たちも次第に都市部にもどろうとした。オルドスの政府関係者、それもモンゴル人幹部たちは青年たちの気持を汲み、なるべく故郷に帰還できるよう協力していた。しかし、それも「政治条件」が必要だった。下放先のオルドスで一所懸命に働いていた者で、しかも、出身階級が労働者や革命幹部、それに人民解放軍でなければならなかった。南京からの青年たちは大半が「黒五類」の「犬っこ」だったので、都市へ帰る道は狭かった。中国政府が自国民を政治的に等級化して、その最下層民を農山村に追放し、二度と帰還させないという政策が実施されていたからである。

写真 5-6　オルドス高原で春節を迎える南京からの下放青年たち

翌朝、オルドスの警察は沙丘の上で賈余慶の遺体を見つけた。彼は何と、口のなかにダイナマイトを入れて自爆したのである。二五歳だった賈余慶は次のような遺書を残していた(『難忘鄂爾多斯』)。

私は一九六八年一〇月二一日にオルドス高原に来て、ずっと再教育を受けた。……二五年間生きてきた人生のなかで、私は一度も偉大な領袖毛主席と中国共産党、それに社会主義制度に対して恨みを持ったことがない。しかし、私は自分自身の家庭を憎んでいる。……ここで人類に対して別れを告げ、世界から消えよう。下放青年の仲間たちよ、さようなら。

偉大な領袖毛主席万歳！　一九七二年一二月一日

遺書は、彼が死を決行する二八日前にしたためられたものだった。賈余慶は一九七一年から何回も労働者になって、都市部に帰りたいと政府に申請していたが、その都度、「搾取階級の家庭」に生まれたとの理由で断られていたので、絶望したのである。彼は「自分自身の家庭を憎む」とは書けるが、決して青年たちに悲劇をもたらした「偉大な領袖と素晴らしい社会主義制度」を恨むことは許されなかった。真の悲劇はここにあるのではないか。

入党させて、都市へ帰すモンゴル人

二〇〇六年三月一日、私は南京で朱元智《しゅげんち》という女性に会った（当時五八歳）。彼女の祖父は早稲田大学の卒業生で、父親はドイツのベルリン大学で経済学の博士号を取得し、一九三二年から中華民国中央大学経済学部の学部長を務めた人物である。日本が敗戦を迎えた一九四五年、彼女の父親は連合国側の代表団の一員として、ベトナムで日本軍の投降部隊を接収した。国共内戦で国民党が不利となり、一族が台湾に渡っていった時も、父親だけは国民党に批判的だったことと、共産党に期待していたことから、中国大陸に残留すると決心した。

中華人民共和国が成立し、旧中央大学は南京大学に名を改めたが、ドイツで学んだ経済学は社会主義制度に適していなかった。父親は、一九五六年に共産党政府が南京城の城壁を取り壊そうとした時に反対したことで、翌年に「反革命右派」とされた。まもなく江蘇省文化庁副庁長のポストから追放され、農場で労働改造するよう命じられた。文革が勃発した二年後、一九六八年に父親はその過去の経歴が問題視されて、自殺に追い込まれた。朱元智はこのように、「反革命分子の娘」として、オルドス高原に下放されてきた。彼女は当時の様子を次のように語る（『難忘鄂爾多斯』）。

私たちを支えていたのは、プーシキンの詩集だった。
「すべては刹那《せつな》で、すべては瞬時にすぎ去っていく」との詩を読んで、長い冬をすごしていた。そこへ、モンゴル人の牧畜民たちが静かにやってきて、私たちにバターや生クリームといった乳製品を置いて行った。モンゴル人たちの豪放磊落な精神と、かれらの優しさが私たちの苦痛を和らいでくれた。……

一九六九年の冬になると、モンゴル人大量虐殺運動はピークに達していた。内モンゴル人民革命党員や搾取階級の牧主とされたモンゴル人たちが逮捕されて、批判闘争大会で一列に立たされていた。地元の漢民族の人たちは暴力を振るっていたが、私たち南京からの青年たちは黙っていた。みな、自分たちの家族のこと、南京での出来事を思い出して、目の前のモンゴル人たちの命運と重ねていた。

モンゴル人の受難を見た朱元智たちは、オルドスの漢人すなわち中国人と付き合わなくなった。

「南京からの下放青年たちは基本的にオルドスの漢人たちと仲が悪かった。漢人の家に行こうとする人はほとんどいなかった」

と彼女は私に証言する。

当然、朱元智も父親が自殺したために、労働者として採用されなかった。彼女と共に下放されていた小辛《しょうしん》という娘も同じ境遇に置かれていた。小辛は二度もオルドス中等師範学校に合格していたものの、その都度、「出身家庭が悪い」ことで、入学を断られていた。

小辛の境遇に深い同情を寄せるモンゴル人たちは、ある奇策を考えた。中等師範学校の規定で、「共産党員を優先的に合格させる」とあったのを利用して、何と彼女を入党させたのである。

「小辛は一所懸命に放牧作業に携わり、家畜の面倒を見てきたので、中国共産党員にふさわしい」

と地元のモンゴル人幹部たちは支持した。一九七二年秋、小辛は晴れて共産党員としてオルドス中等師範学校に入り、朱元智もオトク旗の高校教師に採用された。師範学校の学生になっても、高校の先生になっても、草原のモンゴル人たちは彼女たちに乳製品を届け続けた(写真5-7)。

写真 5-7　オルドスで暮らす南京からの女性下放青年たち

「まるで自分の娘のように大事にしてくれた。私の魂は、草原のモンゴル人がくれたものだ」

と彼女は回想している(『難忘鄂爾多斯』)。

権力行使のためのレイプ

都市部に行きたい「出身階級の悪い」下放青年たちを共産党に入党させてまで、その夢を実現させたのはモンゴル人である。モンゴルとは異なり、中国人地域ではまったく様子がちがっていた。下放青年の歴史について研究してきた劉小萌の記録を見てみよう。

「中国農村の幹部たちは権力をかさにして、大学に進学したい、労働者になりたい、共産党に入りたいという下放青年の女性たちを多数、レイプした」

と、劉小萌は指摘する。

たとえば、吉林省九台県では下放青年をめぐる犯罪のうち、実に四六パーセントが性犯罪だった。この県のある生産大隊長の斉殿発《さいでんはつ》は、計二三名もの下放青年の女性を強姦していたし、そのほとんどは彼の妻の幇助によって実現していた。

同じ吉林省の別の県の下放青年がレイプされた後に、遺書を残して自殺した。遺書には、「毛主席のご指示通りに労働者や農民と結合する道を歩んできたが、農村の階級闘争は複雑すぎる」と書いてあった。彼女は、レイプの実態を「複雑すぎる」としか表現できなかった。

下放青年の女性たちを性的に蹂躙することを、農村の共産党の幹部たちは「再教育を実施」していると公言して憚らなかった。抵抗すれば、「農民階級と闘争する気があるのか」と追放されてきた、立場の弱い女性たちを脅迫していた。

レイプされた下放青年たちは地元の政府に訴えても、受理されなかった。下放先には古くから作られた、地元の人間たちのネットワークがあり、都市部からの若者はあくまでもよそ者にすぎなかった。その上、被害者の女性たちも「出身階級の悪い者」がほとんどだった。この事実は、地元の共産党の幹部たちが意図的に政治的に下層民とされた女性たちを選んで、その人格を弄んでいたことがわかる。被害者となった女性たちは、弱者の集団のなかでもさらに弱い立場に立たされていた人々だった。

中国共産党は全国人民を解放して、平等な社会主義制度を創立したと豪語したが、実際は最初からその人民を等級別に分けて抑圧していた。都市部から追放された青年たちは、まさに政治的に最下層の人々であったが、そのなかの女性たちは特に悲惨だった。下放先の共産党の幹部たちはわざわざこのような弱者を餌食にして、自らの欲望を満たしていたのである。彼女たちは親や親族の「政治的な経歴」が問題視されて下放され、都市部にもどろうとした際に、もう一度蹂躙されたのである(『中国知青史——大潮』)。

3 天山の麓の暴動

「白い水」のオアシス

中国政府は終始、下放青年たちを棄民として扱った。フランスの研究者ミシェル・ボナンに言わせると、「政府は青年たちに対して洗脳を施して農山村に追放し、現地でのかれらの行動を厳しく監視した。そして、少しでも反抗しようとした際には、容赦なく鎮圧した」(*Génération Perdue*)。

一九七六年に毛沢東が死去してまもなく、未亡人の江青《こうせい》ら「四人組」が逮捕されると、クーデターで権力を掌握した新しい北京当局は文革の終息を宣言した。しかし、農山村を流刑地としていた青年たちが生まれ故郷の都市部にもどることを決して許さなかった。下放先の農山村の地方

写真 5-8　新疆のカザフ人遊牧民の天幕．生産建設兵団は遊牧民を追い出して草原を占拠した．著者蔵

政府は元々青年たちを歓迎していなかったが、今度は帰ろうとする青年たちをあの手この手で阻止して嫌がらせをしつづけた。そこでは旧来の社会的習慣が横行していた。賄賂を要求し、あるいは女性に対しては性的な対価を求めたのである。それでも、青年たちの行動はまるで堰を切ったダムの奔流のように、都市部へと向かった。ここでは、中国西部の新疆ウイグル自治区の事例を一つ、紹介しよう。

　新疆ウイグル自治区の中央部をテンゲル・タウ山脈が東から西へと走る。テンゲル・タウとはトルコ語・モンゴル語で「天たる山」との意で、中国人はそれを天山と翻訳して呼んだ。テンゲル・タウ山脈を境に、その南部を「南新疆」と、北を「北新疆」と呼ぶ。南新疆のアクスー(阿克蘇)に新疆生産建設兵団の第一師団が駐屯し、そのなかに上海からの下放青年が四万人編入されていた(**写真5-8**)。文革が終わると、下放青年の逃亡が相次いだが、それでも一九七八年末にはまだ、約二万九〇〇〇人が残っていた。これらの上海人残留青年たちが、一九七九年から中国全国を震撼させる事件、「アクスー暴動」を起こした。

　アクスーとは、ウイグル語(トルコ語)で「白い水」との意だ。テンゲル・タウ山脈の南麓にある、東西の交通の要衝である。紀元前から栄えた「西域三六カ国」のいくつもがこのテンゲル・タウ山脈に沿って、西のパミール高原まで点在していた。いわゆる「西域三六カ国」もオアシスを拠点とする小規模国家群だった。乾燥した大地であり、オアシスを通過しない限り、生きていく手段はない。中国政府も当然、その戦略的意義を把握した上で、先住民のウイグル人を追い出して、後から来た中国人民解放軍と下放青年を生産建設兵団として駐屯させたのである。「アクスー暴動」はいわば、ウイグル人の領土で繰り広げられた、中国人屯田兵の騒乱である。

「お上に陳情する」

暴動は一九七九年春から始まった。

上海に帰りたい下放青年たちはまず陳情団を結成して、大量の資料をあつめてから、北京にある国家農耕総局という中央省庁を訪ねた。生産建設兵団はこの国家農耕総局の管轄だったからだ。資料とは、自分たちがいかにだまされて、見ず知らずの土地である新疆ウイグル自治区に連れてこられたかの経緯を綴ったものである。陳情団は、自分たちの資料を並べて、上海に帰りたいと主張した。また、新疆で受けた差別と過酷な労働環境、事情があれば都市部に帰還してもいい、という政府の公文書をも根拠にして、政府に善処を求めた。

陳情とは中国語で「上訪《シャンファン》＝お上を訪ねる」という。法治国家ではないので、不平や不満があれば、人民は「お上」の政府幹部を訪ねて情況を説明して温情を示すよう願い出る方策である。

長い専制主義体制の産物であるが、共産党が北京に入って政権を立てても、その伝統は一向に変わらなかったので、下放青年たちもその道を行くしかなかった。

下放青年たちは上、中、下の三つの対策を持っていた。上策は全員、上海に帰還すること。中は上海郊外の農場に就職すること、そして下策は上海周辺の中小企業で働くことだった。

国家農耕総局の指導者たちは次のように青年たちの主張を跳ね返した。

「上海の人口はすでに一一〇〇万人に達しており、人口密度はアメリカのニューヨークよりも高いので、これ以上の人口増加は危険だ」

共産党の指導者たちは表情も厳しく、青年たちの主張に一切、耳を傾けなかった。

しかたなく新疆にもどった青年陳情団(上訪団)は、帰るや否や、生産建設兵団の指導者たちによって「非合法組織」とされてしまい、解散を命じられた。青年たちはその後も数回にわたって大規模な集会を開いて抗争したため、南新疆の屯田事業はほぼストップしたままとなった。

「蔡文姫《さいぶんき》は匈奴に一二年間滞在しても、漢王朝への帰還が実現したので、我々も努力しよう」

「華僑は何十年にわたって外国に住んでも、祖国に帰れたから、私たちも同じだ」

と青年たちは主張した。

蔡文姫とは、後漢から三国期に和親政策で匈奴に嫁いだ中国人の女性で、曹操の交渉で中国に帰ることができた、という物語の主人公である。実在した人物かどうかも怪しいが、その物語だけは広く知られていたので、青年たちも自分の運命を彼女に重ねていた。匈奴の草原と漢王朝は、そのまま新疆と上海に重なって見えていたのであろう。政府が、正当な権利を唱える青年たちを「チンピラ」と呼んだことで、双方の対立が一段と深まった。

「私たちを辺境に動員した時は、中学や高校しか出ていないにもかかわらず、知識青年だと持ち上げた。今、私たちが故郷に帰りたいと求めると、チンピラと言われるのはまったく理解できない」

と反論した。青年たちが自らの境遇を歴史や共産党の政策などと結びつけて理解していたことがわかるだろう。

ウイグル人の支援と中国政府の弾圧

一九八〇年冬の一一月中旬になると、南新疆の各オアシスに駐屯していた下放青年たちは、陸続とアクスー市に集まり、ふたたびデモ行進を起こした。今回の指導者は、タクラマカン沙漠のオアシスに配置されていた第一四中隊に属する欧陽璉《おうようれん》という男だった(写真5-9)。

私は上海に生まれ、母親は早くから亡くなっていた。継母が来て間もなく子供ができたので、中学を卒業したら四川省の重慶市にいた兄のところに行くしかなかった。中学は上海随一の名門、向明中学だった。

写真 5-9　新疆の下放青年のリーダー，欧陽璉．劉小萌『中国知青口述史』より

四川省にいた兄は人民解放軍の将校となっていて、生活もよかった。ところが、私が着いてしばらくすると、兄嫁にも子供が生まれたので、私はここでも余計な存在となってしまった。一九六一年に重慶市第一中学（高校）を成績トップで卒業しても大学に行く金はなかった。

学業が優秀でも家庭の経済的な事情で大学に進学にできなかった欧陽璉は、遥かなる新疆ウイグル自治区を目指したのだった。

「下放青年たちは新疆のオアシスで十数年間も血と汗を流したので、上海に帰りたかった」

と、欧陽璉をはじめとする若者たちはそう考えていた。しかし、政府はかれらの帰還を断じて許さなかった。

「抑圧する当局に対し、立ち上がるしかなかった」

と青年たちは決心した。独裁国家において、正当な抗争であっても、政治的なリスクが伴われる。成功しても失敗しても、リーダーは必ず逮捕されるという結末を青年たち自身が誰よりもわかっていた。中国という専制主義国家に生きてきた経験から、そのような厳しい現実に直面することは重々理解していたのである。

欧陽璉は義俠心に満ちた、穏やかな男だった。中国ではいざ、誰かが逮捕されたりすると、必ず家族も連座となる。彼は病弱で、妻と別れ、子供一人も他人に養子として出していた。家族がないことで、連座は怖くないとして、自ら志願してデモ行進のリーダーとなった。

「新疆に来てから一二年間がすぎた。毎日、雑穀しか食べられない。私たち南中国の人はコメを主食とする。しかし、元旦と建国記念日にしかコメにありつけない」

写真 5-10　新疆生産建設兵団の兵士を見舞う周恩来総理.『民族画報』一九七六年五月号

と、欧陽璉も不満だった。雑穀でさえも不足していたので、青年たちのなかには豚の餌を口にした者もいた。水質も悪かった。ヒ素が含まれていたからだ。

「生産建設兵団の幹部たちは兵士を見舞うと称して、高級車に乗ってやってくるが、我々が暮らしていたところの水を口にしようとしなかった」

中国政府は最も苦しい第一線に下放青年たちを配置しておいて、その生活の状況を改善しようとしなかったので、不満が高まっていたのである(**写真 5-10**)。

一一月二三日から、欧陽璉をはじめとする一〇〇人の

写真5-11　上海からの下放青年たちのハンガーストライキを支援するウイグル人．劉小萌『中国知青口述史』より

青年たちは整然と隊列を組み、政府庁舎前でハンガーストライキを開始した。死を決心した行動だと示すために、現場に棺桶を二つ置いた。下放青年たちは自らの権利を広く知らしめようと、わざわざウイグル語の通訳を雇って、演説を逐一ウイグル語にも訳した。アクスー市政府と生産建設兵団はもちろん、地元の中国人（漢民族）も非常に冷淡だったが、誰よりも青年たちに同情を寄せたのは、ウイグル人だった（**写真5-11**）。抑圧された者同士、気持も通じ合っていたからだ。ウイグル人たちは、生産建設兵団の進出によってその生来の土地から追い出されたが、それは個々の下放青年の責任ではなかった。中国政府の屯田政策がもたらした抑圧体制だ、とウイグル人はわかっていた。そのため、アクスー市のウイグル人たちは独自に募金活動をおこなって、青年たちの抗議活動を支援しつづけた。

二七日になると、ストライキに加わる青年は一三〇〇人にまでふくれ上がり、ついに北京の党中央国務院に報告された。

「上海の青年たちが辺境の建設に大きく貢献した事績を高く評価し、その待遇を改善する。ハンガーストライキは直ちに中止せよ」

との指示を国務院は出した。北京からの電報を受け取った地元政府は、下放青年の問題を解決する、と約束し、全員に二〇〇元ずつお金を渡して、帰還の準備をするよう伝えた。

「これで上海に帰れる」

と青年たちがそれぞれのオアシスの駐屯地にもどった瞬間、そのリーダーや中堅の人物たちが逮捕された。政府は甘い約束をすると同時に、裏では人民解放軍陸軍第四師団を派遣して、南新疆全域に戒厳令を敷いて鎮圧にかかったのである。逮捕された青年の数は一万人以上に上り、実に三人のうちの一人が閉じ込められた。指導者の欧陽璉は一二月二六日に逮捕され、「国家転覆罪」により、懲役四年の判決が言い渡された。

アクスー事件　四〇年後の波紋

中国当局は当時、「断固たる措置を取ったことで、増え続ける上海の人口問題を解決しただけでなく、新疆ウイグル自治区の安定も維持できた」と宣言していた。政府は「新疆ウイグル自治区の安定を維持できた」と安堵したらしいが、その影響は後日少しずつ現れることになる。下放青年たちがハンガーストライキに踏み切った際に、現地のウイグル人が募金活動をして支援していたことは前に触れた。権利は闘争して獲得するものだ、という現実に目覚めたのではないか、と私は思う。下放青年同様に、あるいはそれ以上に抑圧されていたウイグル人もそれ以降は覚醒し、自らの故郷で、後から来た中国人に奪われた権利を勝ち取ろうと抵抗を始めたのである。これが、アクスー事件の最大の意義である、と私は位置づけている。

二〇一八年一月一七日、数百人もの元下放青年たちが上海市政府庁舎前に立ち並んで、年金の増加と保障を求めた。上海市では一般の労働者の年金が平均して三五〇〇元であるのに対し、元下放青年には二〇〇〇元しか支給していない。かれらの戸籍はまだ新疆ウイグル自治区に残されたままだからだ。こうした事実から見ても、生産建設兵団に編入された下放青年の処遇がまだ完全に解決されていないようである。

アクスー事件を受けて、中国政府は逆に新疆生産建設兵団の重要性を再認識し、大幅な人員増強と装備の補強を決定した。西部辺境地域の不安定は国家全体の根幹を揺るがしかねないと判断したからである。今日、中国政府からの優遇政策を享受し、最新式の武器を携行する生産建設兵団は、先住民のウイグル人を抑圧する急先鋒を演じている。

終章　一九六八年、青年たちの世界史

「貧しい農民から再教育を受けよう」と標榜する中国のポスター

1 下放先から帰らなかった「知識青年」

モンゴル人になった下放青年

「極悪の漢族《ムーキタド》はどうしようもない！」

二〇〇五年八月二五日のこと、オルドス高原オトク旗アルバス草原に住むワンチンドルジは、私と会うなり、開口一番こう怒った。「奴らはわざわざ自分の家畜の群れを私の草原に入れて草を食べさせるし、灌木も私の草原のものばかり切って持って行ってしまう」と、憤慨している。「極悪の漢族」とは、内モンゴル自治区のモンゴル人が、中国人すなわち漢人を指す時の定着した民俗的表現である。両民族の関係は対立の歴史が長く、文革中の大量虐殺をへてからは一層、緊張してきているので、モンゴル人は必ず「極悪」という言葉を「漢族」の前につけて日常的に表現する。そのように呼ばれていることを、当の中国人も当然、知っている。

内モンゴル自治区では日常的に発生している出来事だ。中国人の侵入で草原の面積が狭くなり、放牧できる範囲も小さくなった。それに、年間の降水量が一五〇ミリ未満の乾燥した大地であるので、狭いところで長期間にわたって家畜を放つと、沙漠になってしまう。灌木は決して伐採してはいけない。一度伐採すると、二度と成長しないからだ。そのため、モンゴル人は必ず枯れた灌木だけを拾って燃料とする。しかし、中国人はそのような生態環境を一切無視して、他人の草原に闖入しては自分の家畜に草を食べさせ、ついでに灌木をも切り倒して持っていってしまう。このような文明間の衝突は時として、民族間の紛争として現れる。

「貴殿も漢族ではないか」

と、私をワンチンドルジの家に案内した地元政府の幹部は彼をからかう。

「いや、違う。おれは南京人で、極悪の漢族ではない」

とワンチンドルジは笑いながら、私たちを彼の清潔な自宅内の書斎に招き入れた。夫人のバトナソンはモンゴル風のミルクティーを出してから、静かに食事の支度にとりかかる。礼儀作法ともてなしを何よりも大切にするモンゴル人家庭内の風景である。

ワンチンドルジとは、南京からの下放青年、王強《ワンチャン》(別名　王正強。当時五九歳。**写真終-1**)のモンゴル名である。ワンチンドルジのワンチンとは、ワンチャンの音を取り、ドルジとは、彼が下放されてきた時の受け入れ先のモンゴル人の名である。ほとんどの下放青年が南京に帰還していったのに対し、王強ことワンチンドルジだけはモンゴル人女性と結婚し、牧畜民となって、そのままオルドス高原に定住した。彼はモンゴル人の間で人気が高く、一九七四年から人民公社の幹部に選ばれていた。一九九〇年代にはさらに昇進できる機会もあったが、すでに政府系統は腐敗し、賄賂を渡さなければ実現できなかった。実直なワンチンドルジはそうした要求を一蹴し、草原での自由な生活こそ、男の生きる道だとした。目下の悩みは、隣人で、陝西省からオルドス高原に侵入してきた中国人のいやがらせだという。

モンゴルの草原を愛し、モンゴル人と良好な関係を作っていた下放青年たちはみな、都市部に帰っていった。残ったわずかな者の生活を見ようと、私はワンチンドルジに会いに来たのである。

写真終-1　王強(後方左)と南京からの下放青年たち．写真提供：王強

南京とモンゴルの間

王強ことワンチンドルジの父親は湖南省出身の国民政府軍の大佐で、一九四八年には軍需主任に昇進していた。母親も裕福な家庭の令嬢で、一家は南京市内の総統府のすぐ近く、宣武区大皇城巷に住んでいた。父親は毎日、アイロンのかかった、しわ一つない軍服を着て、真面目に総統府に出勤し、日中戦争後の復興に勤しんでいた。

やがて、国民政府軍の敗退が始まり、父親は一九四八年末に共産党の捕虜となり、台湾に渡る計画も頓挫してしまった。共産党政権が成立すると、父親は南京市内の廃品回収場で働き、母親は小学校の教師となって、一家の生活を支えなければならなかった。しかし、一九五七年になると、母親も「人民政府に不満を抱いている嫌疑」で、「反動的な右派」とされてしまった。王強は六人兄弟姉妹のなかの末っ子で、成績は群を抜いて優秀だった。中学を卒業してから南京外国語学校に入ろうとしたが、「父親が反動的な軍官で、母親は右派」という「悪い家庭の出身」だったことで、受験資格すら与えられなかった。仕方なく南京市第九中学に入学したが、英語が得意な彼は高校一年生の時に、「南京市外国語コンクール」でトップの成績を獲得した。それでも、その得意な外国語を生かせる機会はめぐってこなかった。王強は語る。

私は外国語が好きで、将来は外交官になるのが夢だった。しかし、家庭の出身が問われていた時代だから、その道は最初から閉ざされていた。南京は中華民国の首都だったので、旧国民政府と関係のない者は一人もいなかった。中国共産党からすれば、都市全体が嫌われる存在で、市民全員が政治的な下層民になる。そのためだろうか、中華人民共和国になってから、中央政府は南京市にほとんど投資しようとしなかった。新生中国の人民は「赤い太陽の下」で、共産党の「暖かい政策」のおかげですくすくと育ったと宣伝するが、私たちは生まれた時から差別されていた。

やがて一九六六年から文革が勃発すると、父親はさらに「潜伏を命じられた国民政府軍のスパイ」と疑われ、江蘇省の農村に追放された。二年後の一九六八年一〇月二一日に南京を発って、オルドス高原を目指した日には、長兄だけが駅まで見送りに来た。

政府幹部が激励の演説をし、太鼓の音が響き、歓声のなかで青年たちが出発した、と新聞は報道してきたが、そうではない。南京駅は泣き声に包まれていた。ほぼ全員が「出身の悪い犬っこ」として大都市から追放された若者だった。もう二度ともどれない、とみんな自覚していたからだ。

と、王強は証言する。

オルドスについてから、一二月一日にモンゴル人セレンドルジの家に入って、一緒に暮らした。セレンドルジはまったく中国語が話せなかったので、王強の方からモンゴル語を学ばなければならなかった。モンゴル語の単語を一つ一つ、ローマ字でノートに書き込み、字も習った。語学の才能が、モンゴルの草原で役に立ったのである。

第2章で述べたように、オルドス高原では、「民族分裂主義者の内モンゴル人民革命党員」とされる人々が続々と逮捕され、毎晩のように批判闘争大会が開かれていた。陝西省から侵入してきた中国人が先頭に立って、モンゴル人に暴力を振るっていたが、南京からの下放青年たちの多くはそのような政治集会に嫌気がさしていた。侮辱され、痛めつけられている目の前のモンゴル人たちが、どうしても南京に残された自分たちの両親に重なって見えるからである。

一九六八年冬の一二月末のある日。草原で放牧していた時に、初めて羊の出産を目撃した。マイナス二〇度の気温のなかで、真っ白い雪の上に仔羊が生まれてきた。モンゴル人は瞬時にその仔羊を自分の懐に入れて温めて、凍死しないようにする。白い雪と赤い鮮血のコントラストを見て、私は江蘇省の農村に追放された母親を思い出した。羊だろうが、人間だろうが、生命を扱うのは、偉大なことだと認識するようになった。

写真終-2　オルドスに下放された南京の女性たち．「草原の戦士」と称する彼女たちは共産党への忠誠を誓っている

王強はここからモンゴル人の価値観に感銘を受けるようになった。モンゴル人はみな外来の中国人によって抑圧され、虐待されているにもかかわらず、南京からの見ず知らずの下放青年たちを暖かく受け入れた。家のなかのいちばんいい部屋を下放青年に提供し、いちばんのごちそうを出した（写真終-2）。

「自分たちが、他人に尊敬される。他人から人間らしく扱われるということを私たちは南京からオルドスに来て初めて経験した」

と、王強は話す。

馬に乗り、モンゴル人らしく草原を疾駆していた王強ことワンチンドルジは、やがてバトナソンと恋に落ちた。王強が二五歳で、バトナソンが二一歳の時に、二人は結婚した。

バトナソンは、アルバス人民公社でいちばんの美人だった。

「モンゴルの美人が、南京の美男子と結婚した」エピソードは、長い間、草原のあちらこちらで語られていた。モンゴル人は「極悪の漢族」との通婚を極端に忌み嫌う。しかし、南京からの下放青年はその「極悪の漢族」のジャンルにカウントされていなかったのである。かれらはみな熱心にモンゴル語を学び、牧畜の技術を身に着けて、モンゴル人を虐待しなかったからだ。

文革中は結婚式も禁止されていたので、二人が毛沢東の肖像画の前で、「一生を革命のために捧げる」、と宣誓するだけで済ませた(**写真終-3**)。もっとも、夫人は中国語が話せなかったので、「革命的な宣誓の言葉」が聞かれたのも王強の口からだけだった。一カ月後、王強は遠い南国の農村にいる両親に結婚を手紙で報告した。

南京からの下放青年たちがほとんどオルドスから撤退した後、王強も一九七四年一二月に夫人を連れて、内モンゴル自治区から南京へともどった。草原のモンゴル人を一目見ようとして、近所中が集まってきて、感謝の言葉を述べた。下放された青年たちをモンゴル人が暖かく迎えていたという事実を市民はみんな知っていた。そして、青年たちの下放先での運命が、中国の他の地域とは天と地の差があったという事実もまた、知られるようになっていた。

しかし、中国語が話せない夫人にとって、南京で暮らすことは不可能だった。

「俺たちがいちばんつらかった時にモンゴル人が親切に接してくれたので、その恩を忘れてはいけない」

と、考えた王強は、ふたたび南京を離れてオルドスにもどり、ワンチンドルジとして生きていくことを決心したのである。彼は夫人との間で三男一女をもうけ、みなモンゴル語で教育を受け、大学を卒業した。

モンゴル人と中国人との民族間の対立は深刻で、紛争も後を絶たない。

写真終-3　本を読みながら，夫人に髪の毛を切ってもらう王強．写真提供：王強

私たち知識青年はおそらく、唯一モンゴル人に好かれている中国人集団だろう。民族問題は難しいが、やはりモンゴル人の草原に来た中国人はまずモンゴル語を学び、先住民に敬意を払わなければならない。自分たちは文明人で、モンゴル人は野蛮人だとの見方を変えない限り、対立はなくならないだろう。文革中に何百万人もの青年たちが下放された歴史は絶対に評価できないが、私たちがモンゴル人と良好な関係を作った事実を政府は認識し、参考にした方が

いいだろう。

王強はこのように語りながら、下放運動を現代中国の政治と結びつけて分析してみせた。

2　「知識青年」の反知性主義

毛沢東、周恩来、林彪の子弟たち

モンゴル人と結婚した下放青年は他にもいたが、最も有名なのは周恩来の姪、周秉健《しゅうへいけん》であろう。彼女は「現代の王昭君」として共産党政府から「下放青年の模範」や「民族団結の模範」として賞賛されてきた。

王昭君とは紀元前の漢王朝の宮女で、ユーラシアの遊牧民匈奴の首領に嫁いで和親を構築したと後世で伝えられている。現代の中国政府はモンゴル人を匈奴の子孫に見立て、自身を漢王朝の後継者に位置づけて、「漢と匈奴＝中国人とモンゴル人」の「民族団結」を謳歌していた（楊海英『「中国」という神話』二〇一八）。一九七九年八月三〇日、中国政府の機関紙『人民日報』は次のように周秉健の話を伝えていた。

草原に下放されていた頃、叔父（＝周恩来）は私に王昭君の物語を語って聞かせた。そして、

「君もモンゴル人の青年を見つけて、内モンゴルに定住しなさい」と言われた。その時はまだ若かったが、今、二七歳となったので、叔父の指示に従いたいと考えている。モンゴルと漢族との団結のために、辺境の建設のために、自分の力を貢献したいと思っている。

二カ月後の一〇月一日に、彼女はラースレンという内モンゴル自治区で最も有名な歌手と結婚した。周秉健はシリーンゴル盟に下放されていたが、一九七五年に内モンゴル大学モンゴル語科に入って学び、モンゴル語の読み書きができる才媛だった。

子供のいなかった周恩来総理であるが、それでも彼は可愛がっていた姪をモンゴルの大草原に下放したことで、青年たちから評価されていた。もちろん、大学に進学し後にシリーンホト市副市長にまで昇進できたのも本人の才能だけでなく、周恩来総理の威光もなかったとは言えない。周秉健はモンゴル人と結婚したことで、「民族団結のシンボル」だと謳歌されている(写真終-4)。

周恩来総理と対照的だったのは、「世界人民の偉大な領袖」毛沢東と、その「親密な戦友」にして後継者とされていた林

写真終-4　モンゴル人と周恩来の良好な関係を描いた中国のプロパガンダ・ポスター

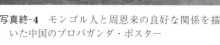

彪元帥である。

毛沢東には、楊開慧《ようかいけい》夫人との間に生まれた息子岸英《がんえい》がいたが、朝鮮戦争で戦死した。その後、彼は甥の毛遠新《もうえんしん》を身辺に置いて大事に育て上げた。全国の青年たちが大都市から放逐されていた一九六八年、二七歳の毛遠新は農山村へと向かう下放の隊列のなかにはいなかった。彼に用意されたのは、遼寧省革命委員会副主任のポストだった。また、江青夫人との間にもうけた毛沢東の愛娘、李訥《りとつ》も二八歳になっていたが、彼女はすでに軍の機関紙『解放軍報』の臨時総編集者に昇進していた。中国共産党の等級制度のなかで、二人とも高級幹部の類に入る。

一方、林彪の一人息子林立果《りんりつか》は一九四五年生まれで、一九六七年に人民解放軍に入隊していた。青年たちが下放されていた頃、二三歳の林立果は、なんと空軍司令部事務室副主任兼作戦部副部長という師団長クラスの要職に任じられていた。「息子が父親の仕事を受け継ぐのはあたりまえだ」と、林彪はそう公言して憚らなかった。下放青年の思想的経歴について研究している学者によると、毛沢東と林彪の特権的な振る舞いは、早くから文革について思考し、将来の生き方を模索していた若者たちから軽蔑されていたという(印紅標『失踪者的足跡』二〇〇九)。

知識を持たなかった「知識青年」

一九七七年六月末。

中学二年生の私は大学受験の補助監督者として教室のなかを回っていた。受験生はみなオルドスに下放されていたさまざまな都市からの青年たちで、私より十何歳も上の人々ばかりだった。彼らは試験中、ほとんど何も書けずに座っていた。解答欄に汚い字で名前を書くのが精一杯で、あとはずっと問題をにらんでいた姿を鮮明に覚えている。中学生の私でもほとんど解ける問題に対し、何一つ回答できなかった受験生たちは、不思議な存在だった。

大学受験の問題は、次の日に私たち中学生に配られ、模擬試験として練習した後、先生は話した。

「諸君は、真っ白な答案を出した張鉄生《ちょうてっせい》のような人間になってはいけない」

と痛烈に批判した。

「真っ白な答案」すなわち無回答の答案用紙を提出した人物は張鉄生と言い、遼寧省興城県で働いていた下放青年だった。文革が発動された最初の四年間は大学もすべて学生募集を停止していたが、一九七〇年から「労働者と農民、それに解放軍兵士で、政治思想が優れ、三年以上の実務経験のある者」だけを対象とした進学が少しずつ認められるようになった。中学を出たばかりで農山村へと追いやられた青年たちの多くは「政治思想を改造」しようとして実務に励んできた結果、「知識」は皆無に近かった。いわゆる「実務」とは、強制労働を指す。

張鉄生もそのような一人で、彼は問題こそ解けなかったものの、答案用紙の裏に共産党の指導部宛に一通の手紙を仕立てた。一九六八年に農村に下放されて以来、毎日一八時間も働かされ、まったく学習する時間がなかった。労働を軽視し、本ばかり読んでいたブルジョア思想を持つ一部の青年と自分は異なる、との趣旨だった。一九七三年六月末のことである。

張鉄生の「革命的な行動」はすぐさま毛沢東の甥で、下放運動から逃避していた毛遠新とその伯母の江青夫人の目に留まった。かれらは、大学受験制度の部分的な復活を「修正主義の教育路線の再開」だと批判していたから、張鉄生こそ社会主義中国が求める人材だ、と宣伝した。

毛沢東の夫人と甥から評価され、何も書けなかった張鉄生は一転して遼寧省鉄嶺農学院に進学できただけでなく、大学の共産党副書記にまで抜擢された。政治思想さえよければ、無知でも社会主義国家の人材だ、という反知性主義のキャンペーンだったが、時勢とは明らかに逆行していた。下放されていた青年たちはみな共産党政府に手紙を書いて、張鉄生の行動を批判した。

農山村に追放された若者たちには体系的な知識こそなかったものの、かれらは確実に覚醒していた。皮肉なことに、この時点で、かれらはようやく「知識青年」となったのである。ただし、それは人文科学や自然科学の知識ではなく、中国社会や共産党政府の性質について、現場から思索して手に入れた知識である。自身も下放された経験を持ち、同世代の青年たちの思想について研究してきた北京大学の印紅標教授は以下のように指摘している(『失踪者的足跡』)。

農山村と辺境、それに鉱山に下放された青年たちは驚天動地の現実にぶつかった。それは農山村における悪化した経済と、工場現場の混乱、そして農民と労働者の貧困、政府幹部の跋扈と人民の強烈な不満だった。党と政府の政策は失敗しているから、自分たちまでその苦い果実を味わわされている、と認識するようになったのである。

わかりやすく言えば、社会主義制度が行き詰まっているという現実に青年たちは直面した。ソ連も中国も、資本主義の段階をへずに、直接共産主義に飛躍するというビジョンは空想にすぎない、と悟った。そして、あらゆる組織において、共産党の幹部は決して「人民に奉仕する公僕」ではなく、「一つの特権階級」を成している、とわかった。共産党の幹部たちは青年たちを労働に駆り立てて経済的に搾取しただけでなく、性的支配も横行した。「農民からの再教育」が必要なのではなく、「農民の教育」こそが中国社会の喫緊の問題である、と覚醒したのである。

モンゴルやウイグルなど辺境の少数民族にとっても、中国の青年下放運動の影響は大きい。青年たちは「辺境支援」や「国土開拓」、そして「反修正主義」という大義名分で少数民族の地域に入植してきた。かれらの到来で、中国人すなわち漢民族の人口が先住民のそれを凌駕する政策に拍車をかけた。

下放青年たちも中国人であったが、草原を開墾しては沙漠に変えてしまう無知な農民とは異なっていた。下放青年のなかにも暴力的な人々はいたが、どちらかというと、多くの人は現地の言葉を懸命に学んだことで、コミュニケーションが成立していた。「知識青年」という名に反して、かれらは牧畜に関しては完全に無知であり、遊牧民の知識を謙虚に学習して身に着けていった。決して遊牧民の生き方を否定しなかったので、モンゴル人は「知識青年」とだけは、良好な民族

写真終-5　インドシナ三国の革命を支援しようとする中国のポスター

間関係を築き上げたのである。これは、内陸アジアの遊牧民と中国との交流史のなかでも、特異な事例といえるのではないか。

何百万人もの中国人青年たちが農山村へと駆り立てられた一九六八年は、世界も一つとなり、緩やかに連動し合っていた。

アメリカではベトナム戦争に反対する青年たちの闘争が激化し、黒人の公民権運動も熾烈化し、ついにはそのリーダーのマーティン・ルーサー・キング牧師が殺害された。

フランスでは毛沢東に憧れる学生たちがゼネストを発動していたし、東ヨーロッパの社会主義諸国でも民主化運動が発生した（写真終-5）。先頭を走るチェコスロヴァキアでは「プラハの春」が一瞬訪れたが、ソ連をはじめとする社会主義陣営に鎮圧された。日本でも、学園紛争が勃発し、「帝大解体、造反有理」のスローガンが叫ばれていた。すべては、若者たちが模索し、苦闘する世界史である。そういう意味で、「一九六八年の青年たちの世界史」が一つの潮流として、地球を縦横に覆っていたといえるかもしれない。

おわりに

「一九六八年」は、現代世界史における重要な一頁を占めている。青年たちによる従来の体制への異議申し立てと反戦運動はアメリカと西洋、そして日本を席巻した。社会主義体制下の東ヨーロッパ諸国でも民主化と自由を求める運動が勃発し、ソ連からの弾圧と中国からの批判を招いた。「一九六八年」はまた現代史の祖型を創ったと指摘されている。世界を東西二つの陣営に分けていたイデオロギーが溶解し、社会主義体制は最終的に一九八九年から崩壊していく前奏曲を演奏した。そして、イデオロギーの色彩が薄くなったとされる今日の混沌とした情勢もまた、一九六〇年代における価値観の転換に淵源しているのも事実であろう。

世界史レベルでの「一九六八年」現象を引き起こしたのは他でもない、「世界革命のセンター」を自任していた中国における文化大革命だ、と指摘されて久しい。中国による毛沢東思想の輸出が異議申し立てや反戦運動の遠因となり、あるいは革命闘争理論に基づいた他国への内政干渉が暴力や紛争の起爆剤になったのである。しかし、世界を混乱に導いた震源地の中国において、一九六八年に何が起こったかは、決して十分に究明されてこなかった。同じ時期の中国の若者は何を求めて行動し、世界を如何に理解し、そして国際社会とどう繋がっていたかは、まさに世界史的な「一九六八年」を理解する手がかりとなる。本書は、現代史のありかたを決めた過去の一幕を回顧するために、当事者の視点に立って書いたものである。

思えば、二〇一七年一一月に岩波書店の編集者・中本直子さんにお会いし、中国の青年たちと世界史との連動について話したら、「面白いので、本にまとめよう」と即刻決まった時から私の奮闘は始まった。私より上の世代の人々の精神世界に切り込み、かれらと喜怒哀楽を共有しようとする作業はやはり、難しかったからである。書下ろしも終わった頃に、同書店の『思想』誌もまた五月号で「１９６８」と題する特集を組んだ。目に見えにくいが、実は心の深いところでふたたび思想的に分断状態に陥りつつある世界の現状を理解するためにも、二〇世紀、六〇年代を振り返ってみる必要があろう。

本書はそのような思いに駆られて、執筆したものである。本書は、中本直子さんのご理解と励ましの賜物であり、記して深謝の意を伝えたい。本書は科研費「ウイグル族・朝鮮族・チワン族の文化大革命に関する実証研究」（研究代表・大野旭、課題番号：１５Ｋ０３０３６）の成果でもあり、関係各位に感謝の気持を表したい。

二〇一八年五月吉日

「１９６８年」という世界史の五〇周年を記念して
富士山麓の駿河湾のほとりにて
楊　海　英

参考文献

『草原啓示録』編委会　一九九一『草原啓示録』中国工人出版社。
陳歆耕　二〇〇五『赤色悲劇』香港時代国際出版有限公司。
成岡・俊鵬　二〇〇八『那年那月』内蒙古人民出版社。
儲安平・浦熙修　二〇一〇『新疆新観察』新疆人民出版社。
鄧鵬主編　二〇〇六『無声的群落――大巴山老知青回憶録』重慶出版社。
鄧賢　二〇〇三『中国知青終結』人民文学出版社。
――　二〇〇五『中国知青夢』人民文学出版社。
定宜庄　一九九八『中国知青史――初瀾』中国社会科学出版社。
丁暁禾　二〇〇六『塵劫――知青暢想曲』中共党史出版社。
――　二〇〇六『狂飆――紅衛兵狂想曲』中共党史出版社。
――　二〇〇六『涅槃――老三届随想曲』中共党史出版社。
東方明　二〇〇六『叛逃：一個女知青的克格勃生涯』遠方出版社。
顧洪章　二〇〇九（一九九七）『中国知識青年上山下郷始末』人民日報出版社。
黒明　二〇〇六『走過青春――一〇〇名知青的命運写照』陝西師範大学出版社。
黄堯　一九八九「緬共遊撃戦中的中国知青」『海南紀実』第六期。
黄小源　二〇〇四『流淌的高格斯泰河――我的草原知青生活』民族出版社。

金大陸　二〇一一『非常与正常――上海文革時期的社会生活』（上・下）上海辞書出版社。
黎汝清　一九七六『国境戦士』湖北人民出版社。
劉小萌　一九九八『中国知青史――大潮』中国社会科学出版社。
――　二〇〇四『中国知青口述史』中国社会科学出版社。
劉濤　一九九三『大串連』知識出版社。
老鬼　二〇〇九『烈火中的青春――69位兵団烈士尋訪紀実』中国社会科学出版社。
盧一萍　二〇〇六『八千湘女上天山』北京出版社出版集団。
米鶴都　二〇〇五『聚焦紅衛兵』三聯書店（香港）有限公司。
『難忘鄂爾多斯』編集委員会　一九九三『難忘鄂爾多斯』南京大学出版社。
石肖岩　一九九〇『北大荒風雲録』中国青年出版社。
石明成・梁鋒　李栄耀編　二〇〇九『我們的知青』華藝出版社。
史衛民・何嵐　一九九六『知青備忘録』中国社会科学出版社。
『習仲勲伝』編委会　二〇〇八（二〇一三）『習仲勲伝』（上・下）中央文献出版社。
王友琴　二〇〇四『文革受難者』香港解放雑誌社。
岳建一　二〇〇二「希望在於民間文本」王子冀・厖澐『守望記憶』中国工人出版社。
印紅標　二〇〇九『失踪者的足跡』香港中文大学出版社。
張宝瑞　二〇〇四『女知青手記』大衆文芸出版社。
章徳寧・岳建一　一九九八『中国知青情恋報告』光明日報出版社。
趙光輝　一九八三「碉堡地」『草原的夢』工人出版社。

朱政恵・金光耀主編　二〇〇四『知青部落――黄山脚下的10,000個上海人』上海古籍出版社。

自由兄弟(羅玉良)　二〇一一『熱島知青潮』(上・中・下)台北醸出版。

――　二〇一五『中国知青半個世紀的血涙史：一　青春沸騰的瘋狂』台北独立作家出版社。

――　二〇一五『中国知青半個世紀的血涙史：二　青春困惑的迷茫』台北独立作家出版社。

――　二〇一五『中国知青半個世紀的血涙史：三　青春凋零的悲愴』台北独立作家出版社。

――　二〇一五『中国知青半個世紀的血涙史：四　青春驚恐的逃亡』台北独立作家出版社。

――　二〇一五『中国知青半個世紀的血涙史：五　青春延続的苦難』台北独立作家出版社。

中央党校採訪実録編輯室　二〇一七『習近平的七年知青歳月』中共中央党校出版社。

アルタンデレヘイ　二〇〇八『中国共産党によるモンゴル人ジェノサイド実録』(楊海英編訳)　静岡大学人文学部『アジア研究・別冊2』。
大野徹　一九六八「ビルマ共産党の現状」『東南アジア研究』第六巻。
呉迪　二〇〇六「〈内人党〉大虐殺の顚末」宋永毅編『毛沢東の文革大虐殺――封印された現代中国の闇を検証』原書房。
董国強　二〇〇九『文革――南京大学一四人の証言』築地書館。
ドムチョクドンロプ　一九九四『徳王自伝』岩波書店。
楊海英　二〇〇一『草原と馬とモンゴル人』NHKブックス。
――　二〇〇九『モンゴル人ジェノサイドに関する基礎資料1』(内モンゴル自治区の文化大革命1)、風響社。

——二〇〇九、二〇一一『墓標なき草原——内モンゴルにおける文化大革命・虐殺の記録』(上・下、続)岩波書店。
——二〇一三『中国とモンゴルのはざまで——ウラーンフーの実らなかった民族自決の夢』岩波書店。
——二〇一五『日本陸軍とモンゴル』中公新書。
——二〇一八『「中国」という神話』文春新書。
Helena K. Rene, 2013 *China's Sent-Down Generation: Public Administration and the Legacies of Mao's Rustication Program*, Georgetown University Press.
Michel Bonnin, 2004 *Génération Perdue: Le Mouvement d'envoi des jeunes instruits à la campagne en Chine, 1968-1980*, Éditions de l'École des hautes études en sciences sociales, Paris.
Guobin Yang, 2016 *The Red Guard Generation and Political Activism in China*, Columbia University.

楊 海 英(Yang Haiying)
モンゴル名オーノス・チョクトを翻訳した日本名は大野旭．1964年，内モンゴル自治区オルドス生まれ．北京第二外国語学院大学日本語学科卒業．89年3月来日．国立民族学博物館・総合研究大学院大学博士課程修了．博士(文学)．静岡大学人文社会科学部教授．主な著作に『墓標なき草原――内モンゴルにおける文化大革命・虐殺の記録(上・下)』(岩波書店，2009年．2010年度司馬遼太郎賞受賞)，『続 墓標なき草原――内モンゴルにおける文化大革命・虐殺の記録』(同，2011年)，『中国とモンゴルのはざまで――ウラーンフーの実らなかった民族自決の夢』(岩波現代全書，2013年)，『モンゴルとイスラーム的中国――民族形成をたどる歴史人類学紀行』(風響社，2007年)などがある．

「知識青年」の1968年 中国の辺境と文化大革命

2018年7月13日 第1刷発行

著 者 楊《よう》 海《かい》 英《えい》

発行者 岡本 厚

発行所 株式会社 岩波書店
〒101-8002 東京都千代田区一ツ橋2-5-5
電話案内 03-5210-4000
http://www.iwanami.co.jp/

印刷・製本 法令印刷

ISBN 978-4-00-023896-0 Printed in Japan